"新时代汉语"系列教材

朱勇 主编
桂靖 鲁文霞 张京京 编著

新时代汉语口语

准高级·下

New Era
Spoken Chinese Series

Pre-advanced Level · II

外语教学与研究出版社
北京

图书在版编目（CIP）数据

新时代汉语口语. 准高级. 下 / 桂靖，鲁文霞，张京京编著. —— 北京：外语教学与研究出版社，2020.5
"新时代汉语" 系列教材 / 朱勇主编
ISBN 978-7-5213-1721-3

Ⅰ. ①新… Ⅱ. ①桂… ②鲁… ③张… Ⅲ. ①汉语－口语－对外汉语教学－教材 Ⅳ. ①H195.4

中国版本图书馆 CIP 数据核字（2020）第 087716 号

出 版 人	徐建忠
项目策划	鞠　慧　向凤菲
责任编辑	杨　益
责任校对	张俊睿
装帧设计	水长流文化
出版发行	外语教学与研究出版社
社　　址	北京市西三环北路 19 号（100089）
网　　址	http://www.fltrp.com
印　　刷	北京尚唐印刷包装有限公司
开　　本	889×1194　1/16
印　　张	10
版　　次	2020 年 6 月第 1 版　2020 年 6 月第 1 次印刷
书　　号	ISBN 978-7-5213-1721-3
定　　价	79.00 元

购书咨询：（010）88819926　电子邮箱：club@fltrp.com
外研书店：https://waiyants.tmall.com
凡印刷、装订质量问题，请联系我社印制部
联系电话：（010）61207896　电子邮箱：zhijian@fltrp.com
凡侵权、盗版书籍线索，请联系我社法律事务部
举报电话：（010）88817519　电子邮箱：banquan@fltrp.com
物料号：317210001

"新时代汉语口语"系列

顾　问： 文秋芳　张晓慧

主　编： 朱　勇

策　划： 鞠　慧　向凤菲

编写委员会：（按姓氏音序排列）

白　雪　陈　宣　桂　靖　季　薇　来静青

林　琪　鲁文霞　吕　军　万玉波　许　诺

薛　珊　张海英　张京京

编辑委员会：（按姓氏音序排列）

鞠　慧　向凤菲　杨　益　张楚玥　张俊睿

编写说明

一 编写背景

根据《光明日报》的报道，截至 2019 年底，世界上已有 60 多个国家将汉语纳入国民教育体系，170 多个国家开设汉语课程或汉语专业，全球学习汉语的人数快速攀升至 1 亿。但是，目前国际汉语教材还不能完全满足"汉语热"的需求，很多国际汉语教育工作者正在为解决该问题而努力，本系列教材也是努力成果之一。本系列教材的指导理论为"产出导向法"（production-oriented approach，下文简称 POA）。POA 是北京外国语大学文秋芳教授领衔的中国外语与教育研究中心团队经过十多年打磨构建的语言教学理论与实践体系。传统的语言教学方法强调听、读领先，在完成语言输入以后再让学生说、写、译，教师的任务主要集中在语言输入阶段。POA 做了一个调整，先从产出开始（驱动环节），然后再让学生接受输入（促成环节），最后再产出（评价环节）。始于输出，终于输出，输入要促成输出，而不是为输入而输入。POA 作为一种中国原创的教学方法，目的在于解决语言学习中的学用分离问题，帮助学生更好地成段表达。英语教育界的实践证明，POA 理据明确，教学过程操作性强，是一种行之有效的语言教学方法。

他山之石可以攻玉。虽然汉语教学界一直强调"学以致用""急用先学"，但是长期以来重知识传授、轻语言使用的现象仍然普遍存在。学用分离导致"学过的不少，学会的不多"，学习效率不高。进入 21 世纪，海内外汉语学习者的数量快速增长，但是汉语学习者大都集中在初级阶段，能用汉语进行高端贸易或学术交流的学习者非常少。学界一直在努力探索突破中高级语言学习瓶颈期的有效途径。从 2017 年春天开始，我们北京外国语大学中国语言文学学院对外汉语教师团队在文秋芳教授的指导下，从教材、教法角度就 POA 的应用开展了多轮次的产出导向型汉语教学实验与理论探讨。从教学实验结果来看，我们认为 POA 确实能够系统性地解决学用分离和篇章表达能力薄弱的问题，从根本上提高汉语教学的效率。因此，从 2019 年春天开始，团队成员开始编写"新时代汉语口语"系列教材，初稿完成后开始进行平行班教学实验，边实验边修改，以确保教材好学好用。我们努力做到本系列教材的编写过程科学、认真，希望出版后的教材对教师是友好的，对学生是有效的，经得起市场和时间的检验。

二 教材体系

本系列教材分为 4 级，准中级 1 册，中级、准高级、高级各 2 册，共 7 册，能够满足学历生本科阶段的学习和语言生初级以上阶段的学习。

教材	适用对象		已有HSK水平	词汇量
第 1 册	准中级	本科一年级（上）	HSK4 级	>1200
第 2 册	中级（上）	本科一年级（下）	HSK4—5 级	>2000
第 3 册	中级（下）	本科二年级（上）	HSK5 级	>2500
第 4 册	准高级（上）	本科二年级（下）	HSK5—6 级	>3500
第 5 册	准高级（下）	本科三年级（上）	HSK5—6 级	>4500
第 6 册	高级（上）	本科三年级（下）	HSK6 级	>5500
第 7 册	高级（下）	本科四年级（上）	HSK6 级	>7000

三 编写团队

　　本系列教材的编者主要来自北京外国语大学中国语言文学学院。同时，团队也吸纳了海内外多所高校的一线教师共同参与教材编写。参与编写的教师均具有丰富的汉语教学经验（教龄均达到 6 年以上，半数具有 20 年及以上教龄），所有教师均有海外（美国、德国、法国、意大利、匈牙利、比利时、日本、韩国等）汉语教学经历。

　　团队成员背景多样。首先，成员专业背景多样，尤其是本科教育背景包括中文、历史、哲学、日语、韩语等。其次，年龄层次多样，"70 后"为主体，也有"60 后""80 后""90 后"教师。再次，教学、管理经历多样，有的主要从事学历教育，有的主要从事非学历教育，不少教师还承担了留学生教育管理工作。团队成员背景的多样性可使教材编写的视野更加开阔，这是编写一套好教材的重要保证。

　　北京外国语大学中国语言文学学院具有成熟的留学生教育培养体系。本科留学生教育始于 1992 年，已形成了成熟的教学模式与课程体系，设置了汉语、经贸、汉语教育、汉外翻译等多个专业方向，迄今已经培养了 3000 多名留学生本科毕业生。语言进修生的培养时间更长，几乎与共和国同龄。学院还多次承办美国宾夕法尼亚大学沃顿商学院、德国 DAAD 商务汉语、意大利罗马大学、中国—欧盟青年经理等汉语培训项目，项目教学类型丰富，教学体系完备。团队成员从中获益良多，他们专业功底扎实，教学经验丰富，教学方法灵活先进。

四 编写理念与特色

　　本系列教材以系统的理论为指导，编写过程力求科学。教材的编写基于 POA 理论。"热身"部分通过设置具有潜在交际价值的话题和真实情境以激发学生的表达欲望，同时引导师生共同明确教学目标；"对话"和"拓展"部分从语言形式、话题内容和篇章结构三个维度为学生设计有针对性的输入和操练，提供了比较友好的产出支架。在此基础上，"完成任务"部分给学生提供几个可供选择的产出任务，通过让学生完成任务来促进产出目标达成，并检验、评价目标达成情况。

本系列教材具有以下特色：

1. 话题选择科学严谨，学生需求与专家干预相结合。 教材话题的选择过程是：先集思广益，通过已有研究、相关教材等收集各类适合口语产出的话题，继而通过调查问卷的方式，同时在留学生和一线教师中调查，了解学生的兴趣以及教师的意见，综合师生的意见后经专家教师、教材编写团队集体商讨，最终确定所选话题。

2. 编排循序渐进，产出目标明确。 本系列教材不仅每课内部具有"引导产出""支架建构"的特征，每课之间也具有内部关联的特点。前边的课程在话题内容和语言储备上与后边的课程具有一定的关联度，通过这种科学的编排实现语言的复现和相关话题的深入与拓展。教材产出目标明确，学用无缝对接。练习以引导学生产出为目标进行设计，有的放矢。无论是核心词语还是课文内容，在练习中都会不断复现。同时，练习的编排注重循序渐进，使学生通过由易到难的操练过程，实现从初步理解到准确使用，达到学与用的无缝对接。

3. 多轮次教学实验检验，可操作性强。 教材初稿完成后，编写团队在学历生、非学历生的多个班级进行了短期、长期多轮次教学实验，并结合教学效果和师生感受，对教材进行了多次修改和精心打磨，以确保教材好用、实用。

五 致谢

衷心感谢文秋芳教授、张晓慧教授两位顾问。文老师是 POA 理论的主要提出者，几年来一直对我们团队的教材编写、教学实验、论文写作给予全方位的指导和帮助，指导中常常一针见血，让我们不断"顿悟"。张老师作为学院的主要领导，始终给予我们热情的鼓励和鞭策，在教材编写的各个关头都高屋建瓴地给出了建设性的意见和建议。

衷心感谢北京语言大学刘珣教授、崔永华教授，北京大学王若江教授、赵杨教授、钱旭菁副教授，北京师范大学朱志平教授，中央民族大学田艳副教授和华东师范大学刘弘博士等老师。他们在项目启动之初对我们的先导研究给予了充分的肯定，给团队提出的具体意见为我们指明了方向。

感谢作者团队全体成员，尤其是桂靖、鲁文霞等老师，大家一起经历了数个酷暑寒冬，刻苦钻研理论，认真试用教材，不断改进思路、追求卓越；感谢陈慧博士等同事，他们或者无私地对稿件提出宝贵的意见和建议，或者协助开展教学实验，对我们提高教材质量起到了非常积极的作用。

感谢合作伙伴——外语教学与研究出版社汉语出版中心，感谢鞠慧老师、向凤菲老师、杨益老师等为代表的编辑团队，他们专业、高效，教材能够这么快问世离不开他们的付出和努力。

感谢北京外国语大学中国语言文学学院的研究生们，他们是王英英、傅小娱、朱胜男、姚羽燕、冯雪莹、李琳依等。在教学实验、反思日志转写、文字排版等方面他们都付出很多，在此一并致谢！

朱勇

2020 年 3 月 26 日于北京

使用说明

一 适用对象

本册教材是"新时代汉语口语"系列的第 5 个分册，主要适用于来华接受中文本科学历教育的三年级上半学期的外国留学生，也适用于 HSK5—6 级水平的高级语言进修生。

二 教学目标

在扩充词汇的同时，帮助学生突破中高级阶段口语表达的瓶颈，对各类现实问题进行有逻辑、有层次的成段表达。本教材的练习要求学生尽量使用当课学过的词语和表达结构等，促成学以致用，实现有效产出。

三 教材结构

本教材教学流程的设计主要基于产出导向法理念，每课分为"i PREPARE""i EXPLORE"和"i PRODUCE"三大部分，分别对应产出导向法的驱动环节、促成环节和评价环节。每课共设置"热身""对话""拓展""完成任务"和"评价"五个模块。

热身。包括三个环节：首先通过生动的图片信息、视频资料、网络新闻等，为学生设置真实的交际场景，以唤起学生的表达欲望（视频在本书资源包中，可扫描书后二维码，在"外研社国际汉语教学资源网"上获取）；其后的"牛刀小试"旨在引导学生通过初次尝试产出任务，发现自身在语言形式、内容观点等方面的不足，激发其学习动机；最后，"学习目标"为师生指明当课教学的预期目标。

对话。包括对话课文及相关语言练习。核心词语练习呈阶梯状设计：词语理解→短语搭配→整句产出→成段表达。对话课文练习遵循"内容理解→梳理总结→完整表达"的渐进性原则，同时配以思维导图，引导学生有逻辑地产出相关内容，充分而准确地使用核心词语，实现学以致用。

拓展。通过头脑风暴、看图说话、采访录音、文章阅读、文化对比等多种形式和角度的输入和产出练习，实现话题在广度、深度上的拓展和深入，目的在于保证学生学以致用、有序产出的同时，满足学生表达的自由度和开放度。

完成任务。包括"任务支持"和"任务选择"两部分。"任务支持"根据学生的表达需要将当课核心词语归类梳理加以呈现；"任务选择"结合当课内容提供多个成段表达任务，供教学中选择使用。

评价。学生评价有自我评价和同伴评价两种，以多种形式呈现，引导学生对任务完成质量进行多方面的评价。进行自我评价有利于学生对自己已经学会和掌握的内容进行反思和总结，增加成就感和学习兴趣；进行同伴评价则一方面能使产出者了解自己的优势与不足，另一方面也促使倾听者集中注意力。此外，教师也要对学生完成任务的情况进行评价，一般每次聚焦于学生的一两个主要问题给出评价，以评促学。

四 话题特色

本教材共 10 课，即 10 个教学单元。每课的话题均为学生兴趣度较高的话题，既包括消费观念、就业观念等个体观点的表述，也涵盖男女平等、教育、养老、环境保护等社会问题的探讨，同时还涉及对时代科技发展所带来的利弊的审视，从个人态度透视国民文化，从具体现象折射社会发展，为学生提供多层次、多角度的口语输出可能。

五 使用建议

1. **理解编写理念，熟悉教材思路**。本系列教材的编写秉承 POA 教学理念，因此使用者需要总体上了解 POA 理论及其基本内涵。就各教学单元来讲，教师需要阅览教师用书（扫描书后二维码获取）中的"教材思路"部分，以便宏观掌控，把握教学方向。

2. **树立支架意识，助力学生产出**。产出导向型教材从语言、内容、结构三个维度为学生建构产出支架，因此在组织和安排练习时，教师需要有搭建支架的意识，辅助学生回顾、梳理已有信息，引导学生向更深、更广的表达拓展。

3. **主次分明，选择性教学**。教材中的词语包括核心词语、非核心词语和熟语。其中，核心词语和熟语多为完成当课话题产出任务时必需的内容，建议精讲多练；非核心词语旨在辅助理解，教学中宜略讲，学生能够理解即可。每课词语表的前面部分为核心词语，中间部分为非核心词语（部分课文未设），后面部分为熟语。三部分之间以空行隔开。

4. **因材施教，自主安排**。"完成任务"部分，教师可根据教学对象情况，参考教师用书，选择合适的任务进行组织安排。

六 课时安排

建议每课用 8—10 课时完成，一个学期完成一本书。前 4 个课时完成"热身"和"对话"部分，后 4—6 课时完成"拓展""完成任务"及"评价"部分。

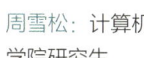

教材主要人物

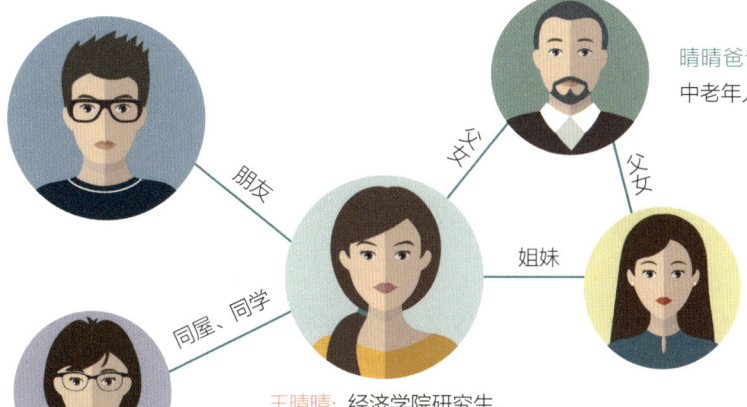

周雪松：计算机学院研究生。
晴晴爸爸：50 多岁，有中老年人的传统观念。
朋友
父女
父女
姐妹
王珊珊：王晴晴的姐姐，年轻时尚白领。
同屋、同学
许欣然：学习成绩较好，毕业后打算考博士。
王晴晴：经济学院研究生。性格活泼开朗，想法超前，关注社会热点问题。
丁思思：文学院本科生，年轻时尚，爱漂亮。
表兄妹
思思表哥：大学毕业不到五年，IT 公司员工，在北京打拼的年轻人。
同屋、同学
田梦：时尚、爱美，是个“颜值控”。
周古真：外貌朴实，性格传统。
李岩：40 多岁，文学院教师。性格随和，思想开明，不固守传统。
张丽：性格比较传统，和大多数中青年女性一样，疼爱孩子，孝敬老人。
林晓雅：30 多岁，文学院教师。思维开阔，乐于接受新鲜事物。
同事、邻居
夫妻
好友
父子
母子
何佳音：时尚而前卫，环保主义者。
李小岩：初中生，性格活泼。擅长运动，喜欢电子产品，成绩中等。

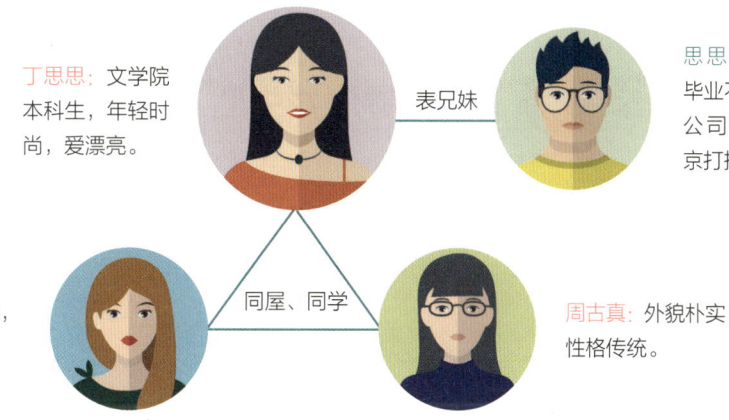

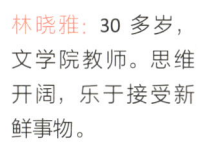

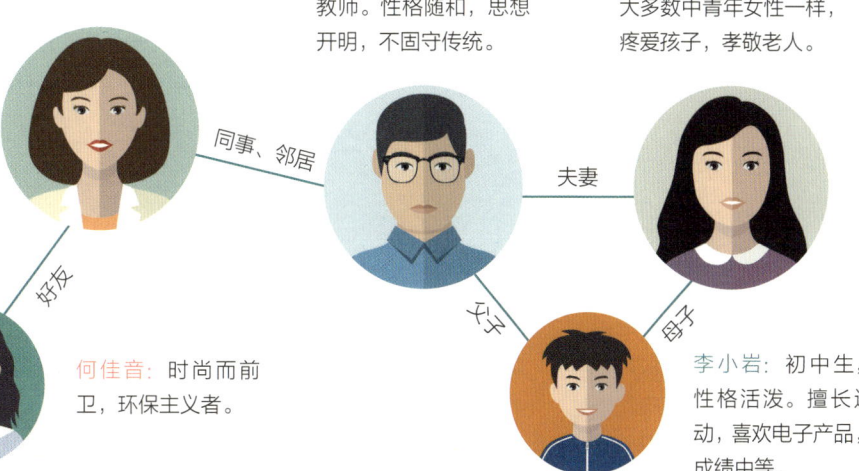

目录

第 1 课　　**谁说女子不如男？** / 1

第 2 课　　**今天的钱哪天花？** / 13

第 3 课　　**父母的良苦用心** / 25

第 4 课　　**放不下的手机** / 39

第 5 课　　**零浪费生活** / 51

第 6 课　　**当你老了** / 67

第 7 课　　**数字时代的代沟** / 81

第 8 课　　**要不要整容？** / 93

第 9 课　　**买套房子好安家** / 109

第 10 课　　**毕业之后路向何方？** / 121

附录一　　**录音文本** / 135
附录二　　**词语总表** / 144

第1课 »

谁说女子不如男?

i PREPARE

》热身

在今天的社会和家庭中，男女平等实现了吗？请观看视频。

牛刀小试

A 双人活动

两人一组讨论，说一说：
1. 家庭里发生了什么？
2. 这位母亲为什么对女儿是这种态度？
3. 在你们国家有这样的情况吗？

B 结果展示

以小组为单位，把讨论的结果向全班简要汇报。

学习目标

通过本课的学习，你将能够：
1. 理解和使用与"男女地位"有关的词语。
2. 了解中国社会和家庭中还存在哪些男女不平等现象。
3. 分析是否能实现真正的男女平等，并提出有针对性的建议。

i EXPLORE

对话

词语表 🔊 1-1

1	招收	zhāoshōu	动	用考试或其他方式接收（学员、工作人员等）。招收新员工
2	抱怨	bàoyuàn	动	因为事情不如意而表示不满。抱怨工作累；抱怨考试题难
3	提倡	tíchàng	动	指出事物的优点，鼓励大家都去做。提倡节约用水；提倡男女平等
4	体力	tǐlì	名	人活动时身体所具有的力量。体力好；体力差
5	分配	fēnpèi	动	安排，分派。分配任务；分配工作
6	出色	chūsè	形	特别好，超出一般。表现出色；成绩出色
7	产假	chǎnjià	名	在职妇女生孩子前后按照规定可以不上班的一段时间。休产假
8	操劳	cāoláo	动	辛辛苦苦地劳动。为……操劳
9	学历	xuélì	名	指曾在某种等级或类型的学校毕业。学历高；本科学历
10	求职	qiúzhí	动	找工作。求职目标
11	嫁人	jià rén		（女子）结婚。
12	在乎	zàihu	动	关心，把……放在心上。
13	挣	zhèng	动	用劳动换取（钱）。挣钱；挣工资
14	辞职	cízhí	动	离开单位，不继续在那里工作。提出辞职；辞职申请
15	来源	láiyuán	名	事物开始产生的地方。经济来源
16	独立	dúlì	动	不靠别人，靠自己的力量去做事。经济独立；独立的地位

17	不相上下	bùxiāng-shàngxià	分不出高低，形容数量、程度差不多。
18	干得好不如嫁得好	gàn de hǎo bùrú jià de hǎo	女性与其在工作中获得成功，还不如嫁个好丈夫。
19	相夫教子	xiàngfū-jiàozǐ	辅助丈夫，教育孩子。这在中国古代被认为是妇女的基本职责。
20	男主外，女主内	nán zhǔ wài, nǚ zhǔ nèi	男人负责家庭外部的事务，女人负责家庭内部的事务。

第 1 课 谁说女子不如男？

3

A 听录音，用简单的话回答问题。 🔊 1-2

1. 王晴晴和其他找工作的女生这些日子应聘顺利吗？为什么？
2. 用人单位为什么更愿意招收男生？
3. 根据对话内容，女博士在家庭和婚姻中受欢迎吗？
4. 王晴晴为什么坚持找工作？

B 朗读对话，注意语音语调。 1-2

（傍晚，王晴晴回到宿舍，同屋许欣然在房间。）

许欣然：晴晴，回来啦？今天去公司面试，情况怎么样啊？

王晴晴：面试的人挺多的，可他们只招收五个人，让我等通知。我觉得希望不大，今天来应聘的有十来个男生呢，估计机会都是他们的。

许欣然：这几天，我身边好几个找工作的女生都在抱怨，说感觉男生找工作就是比咱们容易。社会上一直提倡男女平等，我看在找工作方面，男女还是不平等的！

王晴晴：这也不奇怪。有的公司经常需要员工加班啦，出差啦，男生体力好，不怕累，去哪儿都没问题。女生就不一样，分配工作的时候还得考虑你的体力行不行。

许欣然：其实除了体力差一点儿以外，咱们跟男生相比，其他方面的能力都不相上下。只要给咱们工作机会，女生也一样能干得出色。

可是有的公司领导不这么认为。公司招个女员工进来，过两年就该结婚、生小孩儿了，然后就是休产假，为家务事操劳……肯定影响工作啊。想到这些问题，在同样的条件下，人家肯定更愿意招男的。

王晴晴

许欣然

对，我还听说，有的国家连男员工和女员工的工资都不一样呢！晴晴，女生找工作这么难，你想没想过考博士？学历高一些应该更容易找到好工作。我就想考博士，等博士毕业了我再去求职。

我不想考博士。我的好朋友孔宁莉，本来跟男朋友的家人关系挺好的，可是自从她读了博士，男孩儿的父母就不高兴了，嫌她的学历超过了他们儿子。我怕我读了博士，连男朋友都跑了。

王晴晴

许欣然

我就想考博士，才不管别人高兴不高兴呢！

你读吧，读完了博士，你就成"第三种人"了。

王晴晴

许欣然

第三种人？什么意思？

你没听说过吗？现在人分三种：第一种是男人，第二种是女人，第三种是女博士。哈哈哈……

王晴晴

许欣然

工作都找不到，你还笑话我呢！哎，你既不想考博士，也找不到好工作，干脆嫁人吧！不是有人说吗？干得好不如嫁得好！你男朋友家里有钱，也不在乎你挣多少。现在不少女生结了婚、生了孩子就辞职在家相夫教子，不是也过得挺好吗？

那可不行！一结了婚，马上开始"男主外，女主内"的日子，我的专业不就白学了吗？我还是希望用学到的知识干点儿什么，找一份工作，这样才觉得自己有用。

王晴晴

许欣然

也是，要是不工作，不但丢了专业，而且失去经济来源就相当于在家里失去了独立地位。那你再等等吧，也许过两天就等来公司的聘用电话了。

第 1 课 谁说女子不如男？

5

C 词语练习

招收　抱怨　提倡　体力　分配

1. 一些女性毕业生_____，用人单位在_____员工的时候，在其他条件相同的情况下，更愿意要男性毕业生。尽管社会上一直在_____男女平等，但是实际上很难做到。其中一个原因就是，男生在_____方面还是比女生强很多，这使单位领导在_____工作的时候更方便。

产假　操劳　出色　学历　求职

2. 除了体力方面的差距以外，女员工大多在工作几年后就到了生小孩儿的年纪，需要休几个月的_____。此外，女性还需要为家务事_____，这也会影响工作。因此，即使_____相同，女生和男生在面试中表现得一样_____，在_____的时候女生也没有男生受欢迎。

在乎　挣　辞职　来源　独立

3. 有些女生相信"干得好不如嫁得好"，结婚以后就向单位提出_____。因为她们相信，只要丈夫有钱，就不会_____妻子_____多少钱。可是这样一来，妻子就失去了经济_____，在一定程度上也就失去了_____性，很可能影响在家里的地位。

D 根据对话内容回答下列问题，注意加点词语的用法。

1. 许欣然的女同学们抱怨，用人单位喜欢招收什么样的员工？
2. 公司领导认为男女员工在体力上的差别会对分配工作有什么影响？
3. 你们国家的女员工有产假吗？一般多长时间？
4. 许欣然觉得学历和求职之间有什么关系？
5. 王晴晴为什么不想放弃工作，早早嫁人？
6. 在你们国家，女性结婚以后就辞职的情况多吗？为什么？
7. 两个女孩儿都觉得有自己的工作和经济来源才能独立，你怎么看？

E 两人一组，用指定的词语回答问题。

1. 在工作单位，男员工和女员工通常有哪些不同？（体力，分配，产假，操劳）

　　体力好；体力差；体力劳动
　　分配任务；分配工作；分配具体事务
　　休产假；几个月的产假
　　为家务事操劳；为孩子操劳；十分操劳

2. "干得好不如嫁得好"是什么意思？（嫁人，在乎，挣，辞职）

嫁什么样的人；嫁个有钱人；嫁个普通人
很在乎……的工作；不在乎……的收入
挣钱；挣工资；挣得多
提出辞职；申请辞职；从……辞职

3. 为什么一些女生毕业以后坚持要找工作？（学历，求职，来源，独立）

获得学历；本科／研究生／博士学历；学历高
去求职；在求职时有优势
经济来源；收入来源；拥有……来源；失去……来源
经济独立；人格独立；独立的地位

F 角色扮演： 三至四人一组，选择一个情景进行表演。

1. 面试归来谈感受（角色：几位男性和女性毕业生）
2. 孔宁莉读博引争吵（角色：孔宁莉、男友、男友妈妈）

小词库

招收　提倡　体力　分配　出色　产假　操劳
学历　求职　嫁人　在乎　挣　辞职　来源　独立
不相上下　干得好不如嫁得好　相夫教子　男主外，女主内

拓展

词语表 1-3

1	享有	xiǎngyǒu	动	在社会上取得（权利等）。享有……权
2	权利	quánlì	名	公民依法享有的权力和利益。
3	继承	jìchéng	动	依法获得（死者的遗产等）。继承权；继承人
4	消除	xiāochú	动	使不存在，除去（不利的事物）。
5	全职太太	quánzhí tàitai		指没有工作，只在家里照顾家人日常生活的女人。
6	休养	xiūyǎng	动	休息调养。
7	牺牲	xīshēng	动	放弃或损害某些利益。牺牲个人利益；牺牲休息时间
8	偏见	piānjiàn	名	对他人所抱有的缺乏充分事实根据的认识或态度。对……有偏见
9	重男轻女	zhòng nán qīng nǚ		重视男性，轻视女性（的思想）。

A 分析材料

↳ 关于男女平等问题，某网站针对女性网友发起了一项网络调查。在三周时间里，共回收了有效问卷3094份。以下是针对两项内容的调查结果。两人一组讨论，回答问题。

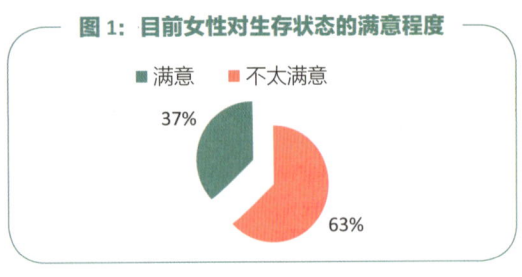

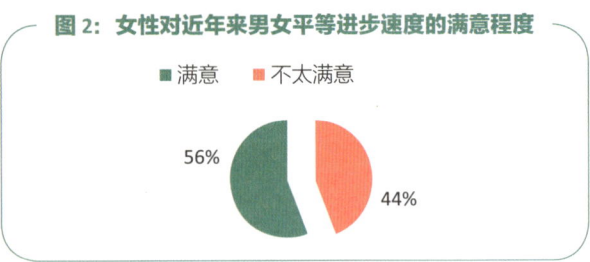

1. 根据图1，目前大多数女性对生存状态满意吗？
2. 根据图2，目前大多数女性对男女平等进步速度满意吗？
3. 从这两个图来看，可以得出什么结论？

B 头脑风暴："不平等"的N种表现

↳ 四人一组，每人选一幅图，说说社会或家庭中的男女不平等现象。

↘ 四人一组，每人说说在你们国家，社会上还有哪些男女不平等现象，其他人将他/她所说的内容记录在下表中。（可以记录关键词）

	他/她的国家有哪些男女不平等现象？
组员1	
组员2	
组员3	

C "不平等"就在我们身边

↘ 在今天的社会中，人们所提倡的男女平等真正实现了吗？关于这个问题，记者采访了几位女性受访者。听录音，判断这几位受访者的话反映的是社会上的哪种现象，请连线。 1-4

受访者的话
- 第 1 段
- 第 2 段
- 第 3 段
- 第 4 段

哪种不平等现象？
- 儿子才能继承房产
- 有的农村家庭中，女孩儿不能上大学
- 妻子不需要经济独立
- 妻子更多地照顾家里

D "不平等"的原因分析

↘ 四人一组讨论：下面这些现象是否体现了男女不平等的情况？造成这些现象的原因是什么？请连线。如果需要，也可以补充。

现象
1. 有的单位更愿意招男员工。
2. 个别单位男员工比女员工工资高。
3. 有的人不接受"女博士"的身份。
4. 有的女生认为"干得好不如嫁得好"。
5. 在一些家庭中，女性主要负责家务。
6. 孩子多随父姓，一些人不接受随母姓。
7. 有的丈夫觉得妻子没必要工作。
8. 在有的地方，儿子才有权利分财产。
9. 一些人想生男孩儿，不想生女孩儿。
10. 在一些农村家庭，男孩儿会优先接受更好的教育。
11. 其他：

原因
- A. 思想偏见：女性的能力比男性差。
- B. 传统分工：男主外，女主内。
- C. 女性自身的原因：一些女性对男人有依赖性。
- D. 有的地区不太发达，人们思想进步较慢。
- E. 有的地方法律不够普及，还有一些法盲。
- F. 男性和女性的身体条件不同。
- G. 人们多年形成的习惯性做法。
- H. 其他：

第 1 课 谁说女子不如男？

E 大家一起想办法

↘ 四人一组，参考下图，每人选择一种现象，先分析原因，再说说这个问题是否能解决。如果能，怎么解决？如果不能，可以做些什么来改善现状？

> 在……，有这样的男女不平等现象：……

> 为什么会这样呢？我觉得主要是因为……

> 要想解决这个问题／改善这种现状，……（政府／单位／女性自己／……）应该……

> 这样一来，……

小词库

抱怨　招收　提倡　体力　分配　出色　产假　操劳
学历　求职　嫁人　在乎　挣　辞职　来源　独立
享有　权利　继承　消除　全职太太　休养　牺牲　偏见
不相上下　干得好不如嫁得好　相夫教子　男主外，女主内　重男轻女

i PRODUCE

》》完成任务

任务支持

下表中是本课学习的词语，供你在完成任务时选用。

我的表达需要	我的表达工具
工作中的不平等	招收　抱怨　体力　分配　出色　产假　学历　求职 不相上下
家庭中的不平等	操劳　嫁人　在乎　挣　辞职　来源　独立　继承　全职太太　休养　牺牲 干得好不如嫁得好　相夫教子　男主外，女主内　重男轻女
社会与法律层面的平等	提倡　消除　偏见　享有　权利

任务选择

任务一　我是演说家

每人以"男女平等真的实现了吗？"为题做一个演讲，内容包括男女不平等的现象、原因以及解决方法等。

任务二　实地调查

3—4人一组，结合本课讨论的现象，选择一个角度（如下面所列）讨论并制作调查提纲，就"男女平等"问题采访3个中国人，然后分析调查结果，得出你们的结论。做一个PPT向全班展示、汇报。

- 中国女性是否认为社会或家庭中存在男女不平等的问题？如果是，有哪些问题？
- 中国老人是否存在重男轻女的观念？
- 中国男性在家庭分工中是否存在"男主外，女主内"的想法？
- 公司招聘员工的时候是否存在重男轻女的情况？有无保护女员工权利的规定？
- ……

任务三　圆桌会议

你作为外国嘉宾，被邀请参加一个"男女平等大家谈"的讨论会。请你说一说你们国家男女社会/家庭地位方面的情况，并对此提出你的看法和建议。

>> 评价

你觉得你的同伴表现得怎么样？请为他／她的表现评出相应的等级。

评价项目	评价等级				
他／她很会用新学的词语	A	B	C	D	E
他／她说的话结构很清楚	A	B	C	D	E
他／她会用过渡句	A	B	C	D	E
他／她说的内容很丰富	A	B	C	D	E
他／她说得很流利	A	B	C	D	E
他／她的话我都听懂了	A	B	C	D	E

（A 表示最高等级，E 表示最低等级。）

第 2 课 >>
今天的钱哪天花？

i PREPARE

》》热身

一家电视台请外国留学生录制了一期访谈节目,讨论的话题是"外国人眼中的中国人"。访谈中,一位年轻女孩儿谈到了"中国人特别爱存钱"的问题。请观看视频。

牛刀小试

A 双人活动

两人一组讨论,说一说:人们为什么存钱?为什么不存钱?在下面填写关键词(每栏至少三个)。

人们为什么存钱?	人们为什么不存钱?

B 结果展示

以小组为单位,把讨论的结果向全班简要汇报。

学习目标

通过本课的学习,你将能够:

1. 理解和使用与"存钱"和"花钱"有关的词语。
2. 表述存钱和不存钱的理由以及两种消费观形成的原因。
3. 表达自己对"存钱"这个问题的态度及理由。

i EXPLORE

对话

词语表 2-1

1	月光族	yuèguāngzú	名	指每个月都把挣的钱花光的一类人。
2	应急	yìngjí	动	应对突然发生的急事。
3	品质	pǐnzhì	名	质量。生活品质
4	小气	xiǎoqi	形	对自己的财产、物品过分看重，该花的钱不花。
5	消费	xiāofèi	动	通过花钱满足需要。
6	泡	pào	动	（在某个地方）故意花费很多时间。泡酒吧；泡茶馆
7	缓解	huǎnjiě	动	使严重的程度减轻。缓解紧张；缓解疲劳
8	开支	kāizhī	名	指支出的费用。开支大
9	医疗	yīliáo	动	医治，治疗。医疗水平；医疗条件
10	保险	bǎoxiǎn	名	一种商业行为：根据合同，个人向保险机构支付一定费用，保险机构对责任范围内的损失负赔偿责任。买保险；上保险；医疗保险
11	保障	bǎozhàng	名	起到保护作用，使生命、财产不受破坏的事物。有保障
12	享受	xiǎngshòu	动	物质上或精神上得到满足。享受生活
13	贷款	dàikuǎn	动	银行等机构借钱给需要用钱的单位或个人。贷款买房
14	动力	dònglì	名	比喻对学习、工作等起促进作用的力量。有动力
15	双11	shuāng 11		"双11"购物狂欢节，是指每年11月11日的网络促销日。
16	战利品	zhànlìpǐn	名	比喻参加某种活动所获得的物品。
17	有机食品	yǒujī shípǐn		指无污染的天然食品。
18	今朝有酒今朝醉	jīnzhāo yǒu jiǔ jīnzhāo zuì		今天有酒就今天喝醉。比喻抓住机会，及时享受。
19	手中有粮，心中不慌	shǒu zhōng yǒu liáng, xīn zhōng bù huāng		手里有了粮食，心里就不担心挨饿，不会觉得慌张。比喻家里有存款，就不担心难以应对突发事件，才能不慌不忙地生活。
20	便宜没好货	piányi méi hǎo huò		价格便宜的东西通常质量不好。
21	大手大脚	dàshǒu-dàjiǎo		形容花钱很随便，没有节制。
22	有备无患	yǒubèi-wúhuàn		事先有准备，就可以避免祸患。
23	寅吃卯粮	yínchīmǎoliáng		虎年吃了兔年的粮食，比喻提前花掉未来的钱。

第 2 课 今天的钱哪天花？

A 听录音，用简单的话回答问题。 2-2

1. 王珊珊为什么舍得花钱？她为什么不愿意买便宜的东西？
2. 王珊珊花钱泡咖啡馆的原因是什么？
3. 父亲谈到的未来可能用钱的地方有几个？分别是什么？
4. 谈到"会花钱才能会赚钱"，王珊珊有一个比喻，是什么？

B 朗读对话，注意语音语调。 2-2

（王珊珊刚刚收到快递来的商品，她得意地喊爸爸……）

王珊珊

老爸，您看，我"双11"的战利品——牛仔裤、化妆品，还有我给晴晴买的包……怎么样？

你的柜子都放不下了，怎么还买？今年"双11"你花了这么多钱，是不是这个月又变成"月光族"了？

爸爸

王珊珊

"月光族"怎么了？人家不是说"今朝有酒今朝醉"吗？我这是"今天有钱今天花"。

爸爸

每次一到月底你就花得一分不剩，你就不担心？俗话说"手中有粮，心中不慌"，万一遇到什么事需要花钱应急，你可怎么办？

王珊珊

我们一天天不是好好的吗？可见没有那么多需要应急的事。高高兴兴过好现在的日子，才是实实在在的。花钱最大的一个好处，就是能提高生活品质。

爸爸

花了钱，你的生活就有品质啦？我倒想知道个所以然。

王珊珊

那我就给您好好讲讲！俗话说"便宜没好货"，无论买什么都不能小气、光看价钱，得看东西的质量！有些东西便宜是便宜，可质量不好。名牌服装、有机食品贵是贵，可咱穿得舒服、吃得放心，生活品质不就提高了吗？

爸爸

你把钱花在吃穿上倒也还值得。可你一到周末就跟朋友跑出去，喝咖啡、看电影、唱卡拉OK……花这些钱有什么用？

王珊珊

这您就不懂了，这是消费的第二个好处——减压。现在我们的工作压力多大啊！辛辛苦苦忙了一周，好不容易到周末了，泡泡咖啡馆啦，看看电影啦，唱唱卡拉OK啦，能缓解心理压力，防止心理疾病。

爸爸

你这么大手大脚惯了，以后遇到该用钱的地方可怎么办？

王珊珊

车到山前必有路。那您说都有什么要用钱的地方？

爸爸

用钱的地方可多了。首先，以后你有了孩子，上幼儿园、小学，再上中学、大学，哪一样不花钱？要是孩子想出国留学，那开支就更大了。教育经费得备着。

王珊珊

没关系，养不起就不要孩子。不能因为孩子委屈自己！

就算你不要孩子,你自己没有老的那一天吗?到时候,你挣钱挣不动了,靠什么生活?要是退休金不够,还是得靠今天的存款。另外,人不可能不生病,要是生病,花钱就更多了,光靠医疗保险哪够啊!总之,为了生活有保障,还是得存点儿钱,有备无患。
爸爸

王珊珊
那也不能今天的钱明天花,等到老了再享受生活。您要是对我们这些"月光族"都看不惯,就肯定更不能接受贷款了。

那不就成寅吃卯粮了?我无法接受!
爸爸

王珊珊
其实寅吃卯粮也有好处,那就是它能使钱像流水一样动起来——花光再挣,挣到再花。花钱的理由就是赚钱的动力,会花钱才能会赚钱。有道理吧?

行啦行啦,我说不过你,快把你那一床"动力"收拾起来吧!
爸爸

C 词语练习

应急　小气　医疗　保障　有备无患

1. 一些老人存钱,主要是为了发生突发事件的时候可以_____。比如说生病了,那么_____方面就会急需一笔钱。手里有一些存款的话,他们才觉得生活有_____,不担心遇到急事,这叫"_____"。由于老人爱存钱却不爱花钱,年轻人常常笑话他们_____。

品质　缓解　开支　大手大脚

2. 有些年轻人的生活_____比较大,他们很重视自己的生活_____,还会通过花钱来_____工作和学习的压力。可是一些老人看不惯他们这样,说他们花钱_____。

消费　享受　贷款　动力　寅吃卯粮

3. 还有一些年轻人认为钱不是省出来的,而是挣出来的。他们愿意超前_____,就是说先花钱_____生活,再心情愉悦地挣更多的钱。他们觉得哪怕_____也无所谓,因为这会成为_____,让他们挣更多的钱。这样的做法,有人称之为"_____"。

D 根据对话内容回答下列问题，注意加点词语的用法。

1. 根据对话，什么样的人是"月光族"？
2. "手中有粮，心中不慌"是什么意思？
3. 王珊珊觉得花钱跟生活品质之间有什么关系？
4. 王珊珊觉得花钱消费跟工作压力之间有什么关系？
5. 爸爸认为，存钱主要是为了应对哪些方面的开支？
6. 爸爸为什么觉得多存一些钱才能"有备无患"？
7. 在王珊珊看来，通过贷款的方式享受生活有什么好处？
8. 王珊珊认为花钱的理由可以成为赚钱的动力，你觉得呢？

E 两人一组，用指定的词语回答问题。

1. 爱存钱的人为什么觉得"手中有粮，心中不慌"？（应急，保障，有备无患）

    为了应急；可以应急；花钱应急
    生活的保障；有（所）保障；作为……的保障

2. 除了应急以外，人们存钱还有什么理由？（开支，医疗，保险）

    开支很大；各种开支；各方面的开支
    医疗开支；医疗费用
    医疗保险；保险金

3. 一些人宁愿当"月光族"也不愿意存钱，为什么？（品质，享受，缓解）

    生活的品质；提高品质；保证品质
    享受生活；享受幸福；物质享受
    缓解压力；缓解疲劳；得到缓解

4. "月光族"为什么认为"会花钱才能会赚钱"？（消费，贷款，动力）

    日常消费；消费很高；各方面的消费
    贷款买车/房；向银行贷款；还贷款
    工作的动力；赚钱的动力；变成动力

F 四人一组，根据对话内容补全结构图，借助结构图和小词库成段表达。

↘ 花钱的理由

有人说，"……"，这句话有一定的道理。

第一，花钱能（　　　　　）。……

第二，花钱能（　　　　　）。……

第三，花钱能（　　　　　）。……

可见，……

小词库

品质　消费　泡　缓解
享受　贷款　动力
今朝有酒今朝醉　便宜没好货

↘ 存钱的理由

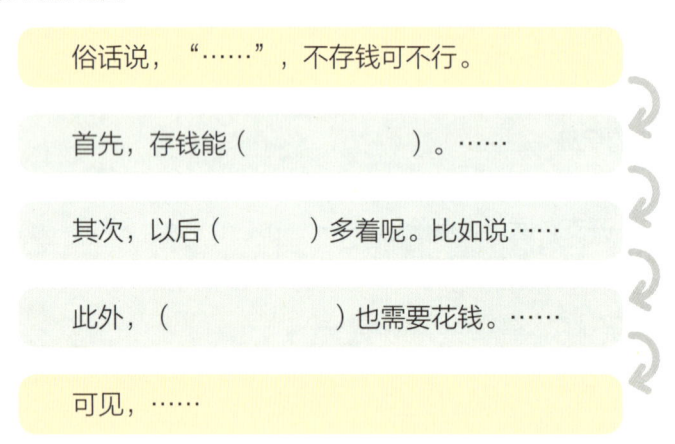

俗话说，"……"，不存钱可不行。

首先，存钱能（　　　　　）。……

其次，以后（　　　　　）多着呢。比如说……

此外，（　　　　　）也需要花钱。……

可见，……

小词库

应急　开支　医疗　保险　保障
手中有粮，心中不慌　有备无患

>> 拓展

词语表 🔊 2-3

1	**贬值**	biǎnzhí	动	变得不值钱。人民币贬值；房子贬值
2	**弊端**	bìduān	名	一种做法带来的不好的方面。有弊端
3	**紧巴巴**	jǐnbābā	形	经济状况不好，手里没钱。手头紧巴巴的
4	**筹备**	chóubèi	动	事先准备。筹备婚礼
5	**成本**	chéngběn	名	生产或活动需要的全部费用。生活成本
6	**储蓄**	chǔxù	名	积存的钱或物。
7	**无忧无虑**	wúyōu-wúlǜ		完全没有烦恼和忧愁。生活得无忧无虑
8	**谈婚论嫁**	tánhūn-lùnjià		男女双方及家庭讨论关于结婚的具体问题。

A 头脑风暴：存钱与不存钱的 N 个理由

↘ 四人一组，参考下图，每人说说为什么存钱或者为什么不存钱，其他人在下表中给他／她提到的理由画"√"。

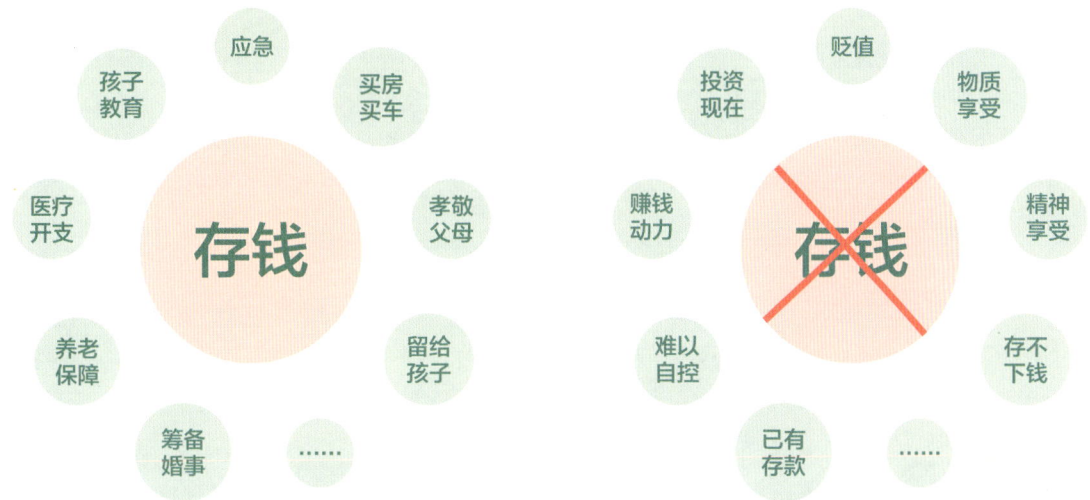

态度	存钱								不存钱							
理由	应急	买车买房	孝敬父母	留给孩子	孩子教育	医疗开支	养老保障	筹备婚事	其他	贬值	物质享受	精神享受	存不下钱	投资现在	赚钱动力	难以自控	已有存款	其他
组员 1																		
组员 2																		
组员 3																		

B "月光族" "存钱族" 面面观

↘ 关于"是否存钱"这一问题，记者采访了几位受访者。听录音，根据听到的内容，在表格中选择每段话从哪个或哪些方面解释了"月光族"和"存钱族"的行为，请画"√"。 🔊 2-4

第一组：[月光族]

影响因素	家庭背景	文化影响	消费习惯	社会原因	特殊经历
受访者 1					
受访者 2					
受访者 3					

第二组：[存钱族]

影响因素	家庭影响	传统观念	消费习惯	国家制度	特殊经历
受访者 1					
受访者 2					
受访者 3					

C 我说我国

➥ 四人一组，每人选择练习 B 采访录音中的一个角度，对比介绍你们国家的情况。请尽量使用小词库中的词语。用了哪个，请画"√"。

> **小词库**
>
> 消费　开支　贷款　成本
> 月光族　品质　泡　缓解　享受　动力　贬值　弊端　紧巴巴
> 应急　小气　医疗　保险　保障　筹备　储蓄
> 今朝有酒今朝醉　便宜没好货　大手大脚　寅吃卯粮
> 手中有粮，心中不慌　有备无患
> 无忧无虑　谈婚论嫁

D 分析材料

➥ 两人一组，分析下列网上资料分别说明中国人是爱存钱还是爱花钱，请画"√"。

网上资料	爱存钱	爱花钱
目前金融机构中的存款已经达到了 171 万亿。这些存款如果均摊到中国 14 亿人身上，相当于每人有 12.2 万。 （希财网，2018.07.09）		
今年是天猫"双 11"的第十年，……成交额已经超过 2135 亿元。而 2009 年，"双 11"的成绩单是 5200 万元，增逾 4100 倍。 （至诚网，2018.11.12）		
2017 年人均居住消费支出 4107 元，增长 9.6%，占人均消费支出的比重为 22.4%；……人均教育文化娱乐消费支出 2086 元，增长 8.9%，占人均消费支出的比重为 11.4%。 （房天下家居网，2018.01.19）		

E 思考与表达

➥ 四人一组，每人参考下图说一说你如何看待一些中国人爱存钱／不存钱的问题。

- 中国人爱存钱吗？
- 我们来看网上的资料：……。可见，……

- 一些中国人为什么爱存钱／不存钱呢？
- 我觉得和……（国家制度／社会情况／传统观念／……）有关。

- 中国的……（国家制度／社会情况／传统观念／……）是这样的：……
- 相比之下，我们国家／以前的中国……是这样的：……

- 所以说，不同的……决定了人们的消费观念。

i PRODUCE

完成任务

任务支持

下表中是本课学习的词语，供你在完成任务时选用。

我的表达需要	我的表达工具
花钱及理由	月光族　品质　消费　泡　缓解　开支　享受　贷款　动力　贬值　成本 今朝有酒今朝醉　便宜没好货　大手大脚　寅吃卯粮
存钱及理由	应急　小气　医疗　保险　保障　筹备　储蓄 手中有粮，心中不慌　有备无患　谈婚论嫁
其他	弊端　紧巴巴　无忧无虑

任务选择

任务一　回应采访

在访谈节目录制现场，主持人对你进行了随机采访。请用一段结构完整、逻辑清晰、观点明确的话说一说你对于"中国人爱存钱"这个话题的看法。

任务二　课堂辩论

正方　存钱很有必要
反方　存钱没有必要

根据不同观点，分正反方进行课堂辩论（每场辩论 6—8 人，每组辩手 3—4 人）。在辩论中，不但要清晰地表达、证明自己的观点，而且能够反驳对方的观点。

▶ 辩论准备

讨论并整理对方的观点和证明方法，再看看可以从哪些角度反驳，把讨论内容填写在下表中。

我们的观点是：	
对方的观点是：	
对方很可能从这些角度证明观点	我们可以这样反驳
例如：今天花钱能缓解精神压力。	例如：如果明天没有钱，精神压力会更大。

第 2 课　今天的钱哪天花？

任务三 文化对比

本课介绍的是中国人存钱与花钱的情况。那么，你们国家的情况是怎样的呢？请以圆桌会议的形式，对比介绍你们国家老百姓存钱与花钱的情况。

>> 评价

我觉得很有成就感，以下几个方面我做得很棒！（请画"√"，并简单说明。）

☐ 1. 我用了新学的词语，比如说：＿＿＿＿＿＿＿＿＿＿＿＿＿＿＿＿＿＿＿＿＿＿＿

☐ 2. 我说的话结构很清楚，我的结构是这样的：＿＿＿＿＿＿＿＿＿＿＿＿＿＿＿＿

☐ 3. 我会用过渡句，比如说：＿＿＿＿＿＿＿＿＿＿＿＿＿＿＿＿＿＿＿＿＿＿＿＿

☐ 4. 我说的内容很丰富，包括以下几个方面：＿＿＿＿＿＿＿＿＿＿＿＿＿＿＿＿

☐ 5. 我理解了新的文化知识／社会现象，比如说：＿＿＿＿＿＿＿＿＿＿＿＿＿＿

☐ 6. 我能从对比的角度看待各种文化，比如说：＿＿＿＿＿＿＿＿＿＿＿＿＿＿＿

第 3 课

父母的良苦用心

i PREPARE

>> 热身

目前,一些中国的中小学生除了日常的课堂教学之外,还参加了各种课外辅导班。为减轻孩子的压力,政府出台了"减负令",但是有些家长却不肯停。关于中小学生的课外辅导班教育,请观看视频。

牛刀小试

A 双人活动

两人一组讨论,说一说:关于上课外辅导班,假如你向学生和家长做调查,你打算问什么问题?(可以记录关键词)

问学生

问家长

B 结果展示

以小组为单位,把讨论的结果向全班简要汇报。

学习目标

通过本课的学习,你将能够:

1. 理解和使用与"教育"有关的词语。
2. 了解一些中国家庭教育方面的观念及其背后的原因。
3. 表达自己对家庭教育的看法和建议。

i EXPLORE

对话

词语表 🔊 3-1

#	词	拼音	词性	释义
1	学霸	xuébà	名	指善于学习、分数很高的学生。
2	争气	zhēngqì	动	立志向上，不甘落后。给……争气；争口气
3	唯分数论	wéi fēnshù lùn		只注重考试成绩，以成绩为唯一标准来评价学生。
4	升学	shēngxué	动	从一个学习阶段（小学、初中等）升入下一个阶段。
5	拔尖儿	bájiānr	形	出众，超出一般。成绩拔尖儿
6	期望值	qīwàngzhí	名	对人或事物所抱希望的程度。期望值很高
7	苛刻	kēkè	形	要求过高，过于严厉。
8	出息	chūxi	名	指个人发展前途。有出息；没出息
9	喘气	chuǎnqì	动	呼吸。本课对话中指紧张活动中的短时休息。喘口气
10	心疼	xīnténg	动	因喜爱的人或事物受到损害而痛苦。
11	厌学	yànxué	动	对学习出现厌烦情绪，讨厌学习。
12	专断	zhuānduàn	形	形容不听他人意见，自己做决定的态度。态度专断
13	民主	mínzhǔ	形	形容允许他人发表意见，经过讨论再做决定的态度。民主的国家；民主的父母
14	做主	zuòzhǔ	动	负责决定。家长做主；自己做主
15	创立	chuànglì	动	初次建立。创立一家公司
16	望子成龙	wàngzǐ-chénglóng		指父母盼望孩子有所作为。
17	输在起跑线上	shū zài qǐpǎoxiàn shang		比喻在竞争的开始阶段就比别人落后。
18	拔苗助长	bámiáo-zhùzhǎng		拔起禾苗帮助它长高。比喻急于求成，反而坏了事。
19	有钱花在刀刃上	yǒu qián huā zài dāorèn shang		比喻把钱花在最关键的地方。
20	千军万马过独木桥	qiānjūn-wànmǎ guò dúmùqiáo		很多人马通过窄窄的一座独木桥。比喻竞争十分激烈，淘汰率极高。
21	喋喋不休	diédié bùxiū		说话唠唠叨叨，没完没了。
22	良苦用心	liángkǔ yòngxīn		表示费尽心思，为对方着想，但又不会明显表露。

第 3 课 父母的良苦用心

A 听录音，用简单的话回答问题。 3-2

1. 李小岩这次期末考试考得怎么样？
2. 在妈妈张丽心里，李小岩是最好的吗？
3. 妈妈希望李小岩的考试成绩能达到什么水平？李小岩觉得自己能达到吗？
4. 为了提高孩子的成绩，妈妈想做什么？孩子同意吗？
5. 爸爸李岩同意给孩子再报个辅导班吗？为什么？
6. 关于孩子的未来，爸爸和妈妈的想法一样吗？

B 朗读对话，注意语音语调。 3-2

（傍晚，李小岩放学回到家。）

李小岩：爸、妈，我回来了！

张丽：儿子回来啦！期末考试成绩出来了吗？怎么样？

李小岩：数学和英语还不错，不过语文不太好，才82，总分在班上算中等。

张丽：你们班上的第一还是陈伟吗？

李小岩： 当然，陈伟是学霸，这次又考了全班第一。

张丽： 李岩，你说人家的孩子怎么养的？多争气！一样地跟老师学，怎么就比咱们儿子强呢？

李岩： 你也不能这么说，咱儿子打篮球就比别人强，你不能唯分数论啊！

张丽： 会打篮球对升学有什么用？人家孩子现在成绩这么拔尖儿，将来考大学肯定有竞争力。咱家小岩什么时候能在班上拿到前三名我就心满意足了，也算是报辅导班的钱没白花！

李小岩： 前三名？您这期望值也太高了吧，我恐怕达不到！

李岩： 对对，儿子，你妈这要求是有点儿苛刻。咱只要努力了就行，每天进步一点点，不必有那么大的压力。

张丽： 李岩，你可别当"老好人"！难道你不望子成龙，不希望孩子有出息？只要儿子能把成绩提高，咱家花多少钱都值得。儿子，妈再给你报个语文班吧？

李小岩： 妈，您快让我喘口气吧！从上幼儿园开始，您就说怕我输在起跑线上，给我报数学班！现在又是英语班，又是物理班，搞得我连周末都没有了！天啊，这样的生活有什么意义啊？

李岩： 丽，我也觉得孩子自己的时间太少了。放学以后除了做学校的作业，还得上辅导班。每天那么辛苦，我看着都心疼。孩子喜欢打篮球、游泳，可是都没时间去。咱这不是拔苗助长吗？万一把孩子弄得厌学就麻烦了！我觉得咱没必要报那么多班。

第 3 课 父母的良苦用心

29

张丽：可是别人都报，咱们不报，不安心啊。我也知道，上这些辅导班，孩子确实累，我也心疼，可是为了将来，他现在就得多吃点儿苦。"吃得苦中苦，方为人上人。"报辅导班咱家花了不少钱，可我觉得咱为孩子的教育投资，这才叫"有钱花在刀刃上"。要是将来儿子真能考上北大、清华，就一切都值得了。

李岩：考北大、清华就像千军万马过独木桥，哪有那么容易？要我说，孩子该学就学，该玩就玩，健康、快乐比什么都重要，到时候能考上哪所大学就上哪所。你看马云❶，没上过北大、清华，不也一样创立了阿里巴巴❷吗？

李小岩：就是！还是老爸好！妈，您不能这么专断，说到您的梦想就喋喋不休。您看我爸多民主，多尊重我！我的青春我做主！

张丽：你爸是心疼你的现在，我是心疼你的将来。"少壮不努力，老大徒伤悲。"等你长大了、有了孩子，你就能理解父母的良苦用心了。

C 词语练习

争气　出息　心疼　望子成龙　良苦用心

1. 中国父母大多有_____的美好心愿。孩子们学习很辛苦，父母虽然也很_____，但是他们更希望孩子有好成绩，这样长大以后才会成功，才能有_____，为全家_____。可是孩子有时候并不能体会到父母的_____。

学霸　唯分数论　拔尖儿　期望值　苛刻

2. 有些家长对成绩看得比较重，甚至只用成绩来评价孩子，这种做法叫"_____"。它的具体表现是：父母希望孩子的成绩在班上，甚至在全年级_____，成为人人羡慕的_____；他们通常对孩子的_____很高，对孩子的要求也比较_____。

---

❶ 马云：阿里巴巴集团创始人。
❷ 阿里巴巴：指阿里巴巴网络技术有限公司，1999年成立于浙江杭州。

厌学　专断　民主　拔苗助长　喋喋不休

3. 为了提高学习成绩，有些家长早早给孩子报了各种辅导班，可是孩子不仅成绩没有提高，反而开始_____。这么做就像_____，效果并不好。还有些家长跟孩子聊天儿时，一点儿也听不进去孩子的想法和意见，总是_____地说自己为孩子设计的未来。这种交流方式一点儿也不_____，太_____了。

D　根据对话内容回答下列问题，注意加点词语的用法。

1. 根据对话，什么样的人被称为"学霸"？
2. 爸爸为什么说妈妈是"唯分数论"？
3. 你觉得妈妈对李小岩的期望值高吗？要求苛刻吗？说说理由。
4. "望子成龙"是什么意思？在妈妈看来，什么样的孩子才算"有出息"？
5. 孩子"输在起跑线上"是指什么样的情况？
6. 爸爸为什么说妈妈的做法是"拔苗助长"？
7. 妈妈觉得怎么做才是"有钱花在刀刃上"？
8. 爸爸觉得做什么事就像"千军万马过独木桥"？
9. 小岩为什么说妈妈比较专断，爸爸比较民主？

E　两人一组，用指定的词语回答问题。

1. 在学校，成绩特别好的孩子被大家叫作什么？妈妈为什么觉得他们比小岩好？（学霸，唯分数论，拔尖儿，期望值）

　　小学霸；班里的学霸；被称为"学霸"
　　学习拔尖儿；成绩拔尖儿；在班里拔尖儿
　　家长的期望值；期望值很高；达到期望值

2. 妈妈对小岩的期望是什么？（望子成龙，出息，争气，良苦用心）

　　妈妈望子成龙；父母都望子成龙；望子成龙的家长
　　有出息；没出息
　　很争气；不争气；给父母争口气
　　父母的良苦用心；体会不到……的良苦用心

3. 妈妈对小岩的要求合理吗？爸爸为什么不同意再给孩子报语文班？（苛刻，心疼，拔苗助长，厌学）

　　要求苛刻；比较苛刻；太苛刻了
　　心疼孩子；心疼钱；让人心疼
　　变得厌学；可能厌学；产生厌学情绪

4. 爸爸和妈妈跟小岩交流的态度有什么不一样？（做主，专断，民主，喋喋不休）

自己做主；做孩子的主；替孩子做主
态度专断；专断的家长；比较专断
态度民主；民主的家长；不太民主
喋喋不休地说……；说起来……就喋喋不休

F 四人一组，说一说小岩父母的教育观念有哪些不同，把讨论的结果记录在下图中。（可以记录关键词）

1 _____ 爸爸：
              妈妈：

2 _____ 爸爸：
              妈妈：

3 _____ 爸爸：
              妈妈：

G 角色扮演："不同的教育观念"

两至四人一组，把对话中爸爸妈妈的不同教育观念表演出来。角色分配参考如下：
两人一组：一人扮演爸爸，一人扮演妈妈
三人一组：一人扮演爸爸，一人扮演妈妈，一人扮演孩子
四人一组：一人扮演爸爸，一人扮演妈妈，两人扮演孩子

拓展

词语表 3-3

1	强迫	qiǎngpò	动	施加压力使服从。强迫孩子；强迫别人
2	985 大学	985 dàxué		指中国的"985 工程"大学。这些大学一般被认为是中国排名靠前、实力较强的大学。
3	热门	rèmén	名	指吸引许多人的事物。热门话题；热门专业
4	前景	qiánjǐng	名	将要出现的景象，在本课中指未来。
5	擅长	shàncháng	动	在某方面有特长。擅长绘画；擅长运动
6	确保	quèbǎo	动	确实地保证。确保安全；确保质量
7	疏忽	shūhu	动	粗心大意，忽略。
8	支配	zhīpèi	动	安排。支配时间

A 家长的心里话

关于"是否给孩子报辅导班"这一问题,记者采访了几位家长。听录音,判断他们的态度,简单记录理由。 3-4

	态度			理由
	支持	中立	反对	
家长 1				
家长 2				
家长 3				
家长 4				
家长 5				
家长 6				

B 如果我是家长……

四人一组,参考下图说一说:如果你是中国家长,会不会给孩子报辅导班?为什么?请尽量使用小词库中的词语。用了哪个,请画"√"。

如果我是一位中国家长,……

↓

为什么呢?第一,……;第二,……;

↓

所以,我会 / 不会……

小词库

学霸　争气　升学　拔尖儿　出息　专断　985大学　热门　前景　疏忽
望子成龙　输在起跑线上　有钱花在刀刃上　千军万马过独木桥　良苦用心
唯分数论　期望值　苛刻　喘气　心疼　厌学　民主　做主　强迫　擅长　确保　支配
拔苗助长

C 头脑风暴：孩子的未来谁做主？

↘ 在孩子的未来设计上，孩子自己选择和父母决定各有什么好处？四人一组，参考下图，每人选择一个角度说一说自己的看法，其他人在下表中给他／她提到的理由画"√"。

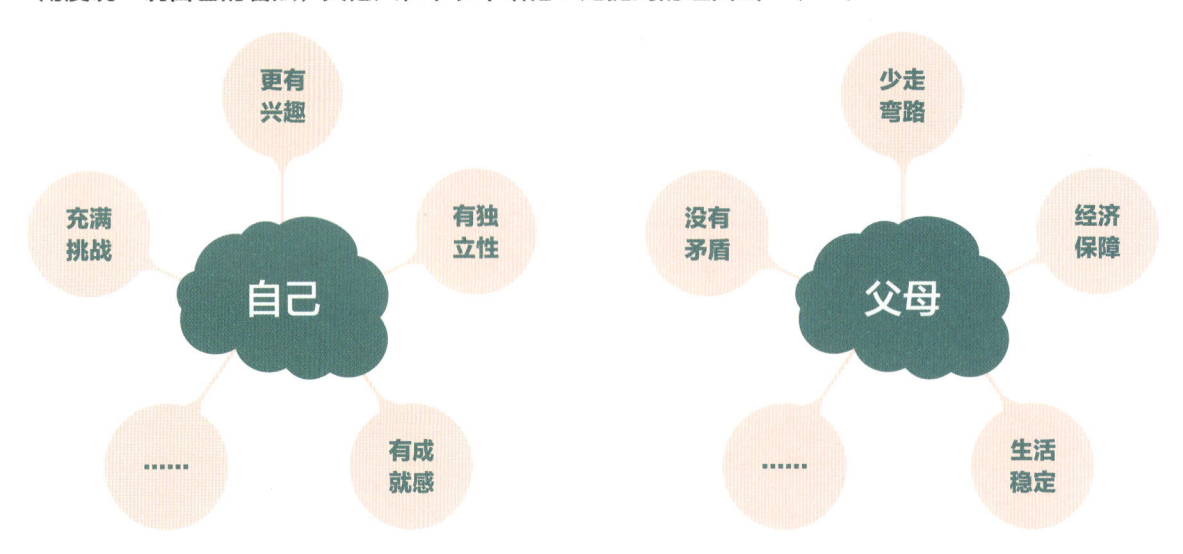

自己：更有兴趣、充满挑战、有独立性、……、有成就感

父母：少走弯路、没有矛盾、经济保障、……、生活稳定

态度	自己选择					父母决定				
理由	更有兴趣	有独立性	有成就感	充满挑战	其他	少走弯路	经济保障	生活稳定	没有矛盾	其他
组员1										
组员2										
组员3										

D 思考与表达

↘ 四人一组，参考下图，结合刚才的讨论说一说孩子的未来应该由谁设计，说出两个理由。请尽量使用小词库中的词语。用了哪个，请画"√"。

我的观点是，孩子的未来应该由……来设计。

为什么这么说呢？
首先，……
其次，……

因此，我认为在孩子的未来设计上，家长应该……

小词库

做主　专断　民主　强迫
热门　前景　擅长　确保
望子成龙　喋喋不休　良苦用心

E 我说我国

↘ 四人一组，参考下图说一说：在你们国家，父母在"孩子的未来设计"这一问题上大多是怎么做的？

> 在中国，有的家长……，有的家长则……

> 我们国家的情况是这样的：……
> 所以我们国家跟中国差不多／不一样。

> 为什么会差不多／不一样？
> 我认为跟……有关系。……

第 3 课　父母的良苦用心

i PRODUCE

>> 完成任务

任务支持

下表中是本课学习的词语，供你在完成任务时选用。

我的表达需要	我的表达工具
从父母的角度	唯分数论　期望值　苛刻　专断　做主　强迫　疏忽 心疼　民主　确保 望子成龙　拔苗助长　有钱花在刀刃上　喋喋不休　良苦用心
从孩子的角度	学霸　争气　拔尖儿　出息　喘气　厌学　擅长　支配 输在起跑线上　千军万马过独木桥
关于学业和教育	升学　985 大学　热门　前景

任务选择

任务一　接受采访

某个媒体的记者在街头对你进行随机采访，请用一段结构完整、逻辑清晰、观点明确的话，就目前中国的中小学生在周末和假期上辅导班的现象发表看法。

任务二　实地调查

以小组为单位，对一位中／小学生的家长进行调查采访，并分析这位家长的教育方式好不好。做一个 PPT 向全班展示、汇报。

▶ 调查汇报主要内容
1. 介绍调查情况：你们调查采访了谁？他／她的孩子基本情况如何？
2. 汇报调查结果：你们问了哪些问题？被调查者是如何回答的？
3. 调查结果分析：通过这次调查，你们得出了什么结论？

任务三　圆桌会议

你作为外国嘉宾，被邀请参加一个有关青少年教育的讨论会。请你就"孩子的未来谁做主"这个问题发表意见，可与自己国家的情况进行对比说明。

▶▶ 评价

我觉得很有成就感，以下几个方面我做得很棒！（请画"√"，并简单说明。）

☐ 1. 我用了新学的词语，比如说：＿＿＿＿＿＿＿＿＿＿＿＿＿＿＿＿＿＿＿＿

☐ 2. 我说的话结构很清楚，我的结构是这样的：＿＿＿＿＿＿＿＿＿＿＿＿＿

☐ 3. 我会用过渡句，比如说：＿＿＿＿＿＿＿＿＿＿＿＿＿＿＿＿＿＿＿＿＿

☐ 4. 我说的内容很丰富，包括以下几个方面：＿＿＿＿＿＿＿＿＿＿＿＿＿＿

☐ 5. 我理解了新的文化知识／社会现象，比如说：＿＿＿＿＿＿＿＿＿＿＿＿

☐ 6. 我能从对比的角度看待各种文化，比如说：＿＿＿＿＿＿＿＿＿＿＿＿＿

第 4 课

放不下的手机

i PREPARE

》热身

2017年1月，陕西新闻网报道了一则社会新闻，内容如下：

> 2017年1月3日下午，陕西的一位女士带着两个孩子在戏水池内玩耍，但没过多久，她就发现4岁的儿子不见了。经过大家一个多小时的搜寻，最终发现孩子在水池内已经死亡。更让人遗憾的是，儿子溺水直至死亡的整个过程，这位女士离他仅三四米远，却因为低头玩手机完全没发现……

这则新闻很快引发了网上人们关于手机的热烈讨论，参与评论的网友意见大致分为两类。一些人认为，近年来人们过于依赖手机，已经影响了正常的生活。手机带来的问题和麻烦太多，人们必须学会放下手机。这些网友还很赞成一些中小学在校禁用手机的规定。而另一些人则认为，人们根本离不开手机，因为手机毕竟给当代人带来的方便多于麻烦，放下手机根本不可能。一时间，网上的争论十分激烈……

牛刀小试

A 双人活动

两人一组讨论，一人说说手机给当代人带来了哪些方便，另一人说说手机带来了哪些问题。在下面填写关键词（每栏至少三个）。

手机带来的方便 〇	手机带来的问题 ✕

B 结果展示

以小组为单位，把讨论的结果向全班简要汇报。

学习目标

通过本课的学习，你将能够：

1. 理解和使用与"手机"有关的词语。
2. 从多方面分析手机带来的积极影响和消极影响。
3. 建议他人控制对手机的使用，更好地利用手机。

i EXPLORE

对话

词语表 🔊 4-1

1	常态	chángtài	名	正常的状态。
2	主宰	zhǔzǎi	动	支配，统治，掌握。主宰自己的命运
3	推销	tuīxiāo	动	推荐，销售。向……推销；推销产品
4	微信	wēixìn	名	腾讯公司于2011年推出的一个社交类手机软件。发微信
5	扫	sǎo	动	扫描。扫码
6	二维码	èrwéimǎ	名	二维条码。扫二维码
7	提示	tíshì	动	提醒，引起注意。提示音
8	朋友圈	péngyouquān	名	微信上的一个社交平台。发朋友圈
9	晒	shài	动	在公开场合展示。晒美食；晒旅游
10	点赞	diǎnzàn	动	朋友圈等社交网络平台上的一种功能，通过点击"赞"的标记，对别人发的内容表示认同、赞赏。给……点赞
11	回复	huífù	动	通过书信、邮件、短信或微信等给别人回答或答复。回复短信
12	碎片化	suìpiànhuà	动	使完整的事物变成碎片。
13	侵占	qīnzhàn	动	侵夺，占据。
14	依赖	yīlài	动	依靠其他人或事物，不能自立。
15	刷	shuā	动	快速浏览。刷手机；刷微信
16	沉迷	chénmí	动	深深地迷恋。沉迷于……
17	忽略	hūlüè	动	没有注意到。
18	宁愿	nìngyuàn	副	宁可。宁愿……，也不……
19	隔离	gélí	动	不让在一起，分开。把……隔离开
20	以往	yǐwǎng	名	从前，以前。
21	无处不在	wúchù-búzài		无论什么地方都有。形容数量多、存在的范围大。
22	形影不离	xíngyǐng-bùlí		像形体和它的影子那样分不开。形容彼此关系亲密，经常在一起。

第 4 课 放不下的手机

41

A 听录音，用简单的话回答问题。 🔊 4-2

1. 在王晴晴和周雪松看来，今天的人们和手机的关系怎么样？
2. 在他们看来，手机带给人们更多的是方便还是麻烦？
3. 手机对我们的学习效率有不良影响吗？
4. 手机对我们和亲人、朋友之间的感情有没有不良影响？
5. 他们觉得怎样才能减少手机的不良影响？

B 朗读对话，注意语音语调。 4-2

（王晴晴和周雪松在食堂边吃饭边聊天儿。）

王晴晴：哎，你看见网上那条新闻了吗？一个妈妈光顾着玩手机，结果孩子在戏水池里……唉，真可惜！

周雪松：是啊，都是手机惹的祸。要是不玩手机，孩子也不会出事。现在玩手机几乎成了我们生活的常态，耽误了好多重要的事。可以说，我们的生活几乎被手机控制、主宰了。

王晴晴：谁说不是呢？有时候你正在上课、学习，一个推销的电话打进来，一条广告短信飞进来，手机响了，你也不知道是什么，总要停下手头的事看一眼，确实挺耽误事的。

周雪松：除了电话、短信，还有微信呢！现在谁不用微信？互相一扫二维码，就加上好友了，以后联系起来确实很方便。可是只要微信提示音一响，我就得赶紧拿起手机看一眼。其实，很多事跟我也没什么关系，无非是班级群里同学互相开了个玩笑，班长发了一条跟我无关的通知什么的。可有时候又怕误事，只好看一眼。

王晴晴：是啊，更麻烦的是，周围的人常常发朋友圈，晒美食、晒旅行、晒娃……无论如何咱们也得点个赞、回复一下吧？要不然对方以为我根本不关注他呢！你说这点赞、回复不花时间，不影响学习效率吗？只要手机在旁边，我作业都写得慢了……

周雪松：这么一说，我想起了一个词——碎片化。我觉得我们整段的时间就是这么不知不觉被手机碎片化了，都不能拿出整段的时间好好地做一件事了。

王晴晴：其实还不只是侵占时间呢！正因为方便，现在谁也离不开手机。不信你试试，哪天要是手机坏了、没电了，或者忘带了，肯定一天都不安心。可以说，咱们简直太依赖手机了。你看，有多少人拿着手机走在街上刷，站在地铁里刷，坐在饭桌前还刷……手机简直无处不在，跟我们形影不离。

周雪松：没错，一个人待着刷刷手机也就算了，可好多人一旦沉迷进去，就忽略了身边的人。就说我弟弟吧，他宁愿看别人的朋友圈，也不愿跟他女朋友多说几句话；宁愿给别人的旅行点赞，也不愿跟朋友出去散散步；宁愿看别人的人生感言，也不愿放下手机陪爸妈聊聊天儿……

王晴晴：像你弟弟这种情况的人可不少。有时候，我觉得手机就好像一堵无形的墙，把人们跟周围的人隔离开了。就说新闻里的那位母亲吧，她要是能放下手机，好好陪孩子玩玩，孩子也不至于……唉，就这么一个小东西，以前是我们利用它，现在我们反倒像是被它利用了。

周雪松：所以真不能再这么下去了。我觉得咱们可以这样，每天选择几个固定的时间，把要打的电话打完，把要看的消息看完，然后试着把手机放下。也许这样，情况会慢慢好转。无论如何，能不能放下手机，全看我们自己。除非我们能自控，否则就很难再找回以往的正常生活了。

王晴晴：嗯，说得有道理。手机时代，学会自控尤其重要。

C 词语练习

> 常态　主宰　推销　提示　碎片化　侵占

1. 今天，我们的生活似乎已经离不开手机了，拿着手机好像已经成了我们生活的一种_____。手机的_____音一响，那些_____的短信、与自己无关的微信就都会吸引我们看一眼。这样一来，就耽误了我们不少时间，原来好好的一整段时间就这样被_____，很多工作和学习时间都被手机_____了。可以说，在一定程度上，我们的生活被手机_____了。

> 依赖　沉迷　无处不在　形影不离

2. 手机可以帮我们做很多事情——点餐、付款、购物、导航……这使我们对它越来越_____，一刻都不能离开。慢慢地，我们开始_____于手机的世界，手机成了我们_____的好朋友，它的身影_____。

> 刷　忽略　隔离　以往

3. _____手机已经成了人们一种重要的娱乐方式。如果不能自我控制，整天与手机为伍，缺乏与周围人应有的情感交流，一个人就会_____身边的朋友和亲人，与现实的世界_____开。这时候，如果想要恢复_____正常的生活，我们就必须学会放下手机。

D 根据对话内容回答下列问题，注意加点词语的用法。

1. 在周雪松看来，什么情况已经成为生活中的常态了？
2. 什么情况下，手机会响起提示音？
3. 手机是如何侵占我们的时间的？请举个例子。
4. 周雪松说我们的时间被手机碎片化了，你觉得呢？
5. 什么事情可以说明人们对手机产生了依赖感？请举个例子。
6. 王晴晴发现，在哪些地方人们通常都在刷手机？
7. 你跟你的手机形影不离吗？你会因为手机而忽略你周围的人吗？
8. 如果一个人沉迷于手机，会对现实生活有什么影响？请用周雪松弟弟的例子解释说明。

E 两人一组，用指定的词语回答问题。

1. 我们常常会看到公交车、地铁里的人们握着手机不停地玩。这种情景怎么描述？（刷，常态）

　　刷手机；刷微信；刷朋友圈
　　成了（一种）常态；成为（生活中的／社会上的）（一种）常态

2. 一个人如果不能控制对手机的使用，会对个人的时间造成什么影响？（侵占，碎片化）

   侵占大量的时间；侵占学习／工作的时间；侵占娱乐／休息的时间
   使整段的时间碎片化；整段的时间被碎片化；造成时间的碎片化

3. 手机给我们的生活带来了方便，同时，它有什么"副作用"？（依赖，形影不离，宁愿）

   依赖手机；产生／形成依赖感；形成／造成情感上的依赖
   形影不离的朋友；A 和 B 形影不离；变得形影不离
   宁愿……，也不……

4. 如果对手机的依赖感过强，人们的正常生活会受到什么影响？（忽略，沉迷，隔离）

   忽略朋友；忽略家人；忽略现实的情感
   沉迷于手机的世界；沉迷于打游戏；沉迷在……世界里
   把 A 和 B 隔离开；跟现实生活隔离开；与家人／亲人／朋友隔离开

F 四人一组，根据对话内容补全结构图，借助结构图和小词库说说过度使用手机带来了哪些不良影响。

今天，地铁上、车站旁，几乎人人……。
可以说，……

↓

在（　　　）方面，手机对人们的影响很大，……

↓

更……的是，在（　　　）方面，手机对我们也有很大的影响。好多人宁愿……，也不……。……

↓

要想（　　　），我们可以这样：……

小词库

常态　主宰　推销　提示音　碎片化　侵占
依赖　沉迷　忽略　隔离　以往
扫　晒　刷　点赞　回复
微信　二维码　朋友圈
无处不在　形影不离　宁愿……，也不……

第 4 课　放不下的手机

45

>> 拓展

词语表 🔊 4-3

1	绑定	bǎngdìng	动	在手机、邮箱、银行卡等账号之间建立联系。绑定手机号；绑定邮箱
2	快捷	kuàijié	形	快速，便捷。
3	便利	biànlì	形	使用起来不感觉困难，容易达到目的。便利条件；交通便利
4	上传	shàngchuán	动	把信息从个人计算机传到（网络）中央计算机。上传文件；上传到网上
5	辅助	fǔzhù	动	在一旁帮助。辅助课堂学习
6	路痴	lùchī	名	指方向感很差、记不住路的人。
7	定位	dìngwèi	动	确定方位。
8	导航	dǎoháng	动	利用设备引导行进。
9	足不出户	zúbùchūhù		脚不跨出家门。
10	应有尽有	yīngyǒu-jìnyǒu		应该有的都有，形容十分齐全。
11	一目了然	yímù-liǎorán		一眼就能看清楚，形容事物很清晰。
12	谈何容易	tánhéróngyì		说起来怎么这样容易，表示事情做起来并不像说的那么简单。

A 手机是我的好帮手

↳ 关于"手机给生活和工作带来了哪些方便"这一问题，记者采访了几位受访者。听录音，根据听到的内容完成下表。🔊 4-4

	他／她用手机做什么？
受访者 1	
受访者 2	
受访者 3	
受访者 4	
受访者 5	

B **头脑风暴：我们为什么需要手机？**

↳ 四人一组，每人参考下图说一说：你常用手机做什么？有什么方便之处？如果没有手机，会有什么麻烦之处？其他人将他/她所说的内容记录在下表中。（可以记录关键词）

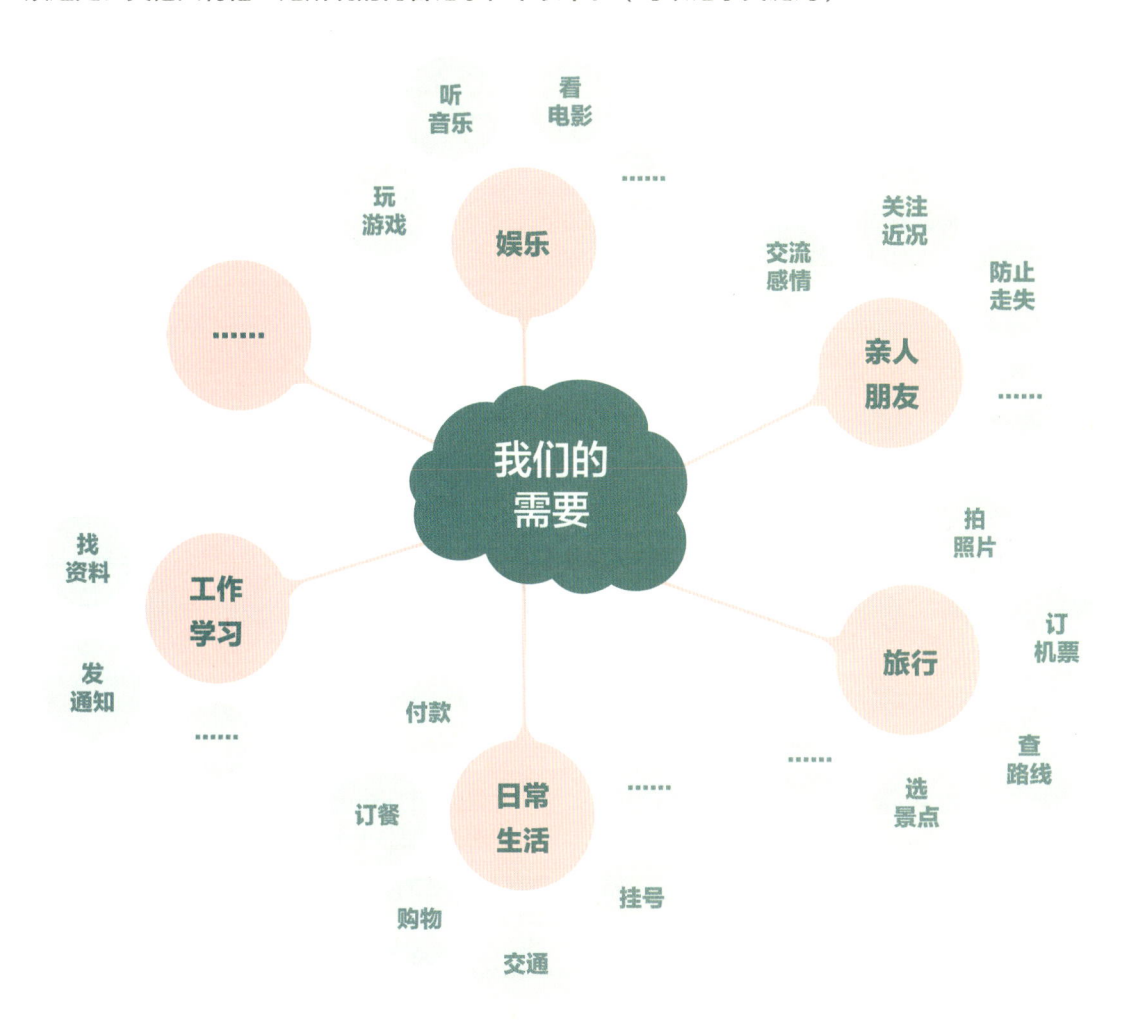

听音乐　看电影　……
玩游戏　娱乐　交流感情
……　关注近况
　　　防止走失
　　　亲人朋友
　　　　　……
我们的需要
　　　　　　拍照片
找资料　工作学习　　订机票
发通知　　　旅行
　　……　　　　　查路线
　　　付款　　　　选景点
　　订餐　日常生活　……
　　　购物　挂号
　　　　　交通

	用手机做什么？	使用手机的方便之处	没有手机的麻烦之处
组员1			
组员2			
组员3			

第 4 课　放不下的手机

C 分析材料

↘ 两人一组,分析从下面关于手机的调查报告可以得出什么结论。

	报告结果	得出的结论
1	被调查的 200 名大学生,手机使用率达 100%。	
2	大学生通常用手机打电话、发短信、发微信、购物、订餐、看新闻、付款、阅读电子书等等。	
3	54% 的被调查者表示,某个消费场所是否提供 Wi-Fi 会影响他们对消费场所的选择。	

D 思考与表达

↘ 四人一组,参考下图说一说为什么今天的人们很难放下手机。请尽量使用小词库中的词语。用了哪个,请画"√"。

> 要想放下手机,谈何容易!手机给我们带来了太多的方便。

> 比如说……。有手机的话,……;要是没有手机,……

> 再比如说……。有了手机,……;如果没有手机的话,……

> 一项调查的结果显示:……。这说明,……

小词库

微信　扫　二维码　朋友圈　晒　点赞　回复　刷
绑定　快捷　便利　上传　辅助　路痴　定位　导航
无处不在　形影不离　足不出户　应有尽有　一目了然　谈何容易

i PRODUCE

完成任务

任务支持

下表中是本课学习的词语，供你在完成任务时选用。

我的表达需要	我的表达工具
手机的积极影响	快捷　便利　辅助　路痴 足不出户　应有尽有　一目了然
手机的消极影响	常态　主宰　推销　提示　碎片化　侵占　依赖　沉迷　忽略　隔离 无处不在　形影不离
关于手机的专用词语	扫　晒　刷　点赞　回复　微信　二维码　朋友圈　绑定　上传　定位　导航
其他	宁愿　以往　谈何容易

任务选择

任务一　发表回帖

请针对网上"妈妈玩手机，孩子在戏水池内死亡"的新闻发表回帖，用一段结构完整、逻辑清晰、观点明确的话说一说你对于"是否应该放下手机"的看法。

任务二　课堂辩论

正方　人们的生活过于依赖手机，必须学会放下手机

反方　人们的生活离不开手机，放下手机是不可能的

根据不同观点，分正反方进行课堂辩论（每场辩论 6—8 人，每组辩手 3—4 人）。在辩论中，不但要清晰地表达、证明自己的观点，而且能够反驳对方的观点。

▶ **辩论准备**

讨论并整理对方的观点和证明方法，再看看可以从哪些角度反驳，把讨论内容填写在下表中。

我们的观点是：	
对方的观点是：	
对方很可能从这些角度证明观点 例如：刷手机会使整段的时间碎片化。	我们可以这样反驳 例如：生活中的碎片化时间本来就存在，刷手机只是把它们利用起来了。

第 4 课　放不下的手机

（续表）

任务三 文化对比

本课介绍的是中国人使用手机的情况。那么，你们国家的情况是怎样的呢？请以圆桌会议的形式，对比介绍你们国家人们使用手机的情况与中国人有哪些方面相似，哪些方面不同。

》评价

你觉得你的同伴表现得怎么样？哪些地方他／她做得很好？请画"√"，并简单说明。

☐ 1. 他／她很会用新学的词语，比如说：＿＿＿＿＿＿＿＿＿＿＿＿＿＿＿＿＿＿＿＿＿

☐ 2. 他／她说的话结构很清楚，基本结构是：＿＿＿＿＿＿＿＿＿＿＿＿＿＿＿＿＿＿

☐ 3. 他／她的表达使用了过渡句，比如说：＿＿＿＿＿＿＿＿＿＿＿＿＿＿＿＿＿＿＿

☐ 4. 他／她说的内容很丰富，包括以下几个方面：＿＿＿＿＿＿＿＿＿＿＿＿＿＿＿

第 5 课

零浪费生活

i PREPARE

》热身

你有没有想过，你每天的生活会产生多少垃圾？有一对年轻情侣，他们的生活中几乎没有垃圾。他们是怎么做到的？请观看视频。

牛刀小试

A 双人活动

两人一组讨论，说一说：这对年轻情侣在生活中的哪个做法给你的印象最深？在你的生活中，有没有和他们一样的做法？你可以学习他们的哪些做法？在下面填写关键词。

给我印象最深的做法	我和他们一样的做法	我可以学习的做法

B 结果展示

以小组为单位，把讨论的结果向全班简要汇报。

学习目标

通过本课的学习，你将能够：

1. 理解和使用与"环保"有关的词语。
2. 了解零浪费生活方式，讨论如何减少浪费。
3. 对于能否接受零浪费生活方式，阐述自己的观点。

i EXPLORE

对话

词语表 5-1

1	重复	chóngfù	动	再一次做（相同的事情）。
2	角度	jiǎodù	名	看问题的出发点。从……角度
3	倡导	chàngdǎo	动	带头提倡。倡导垃圾分类
	倡导者	chàngdǎozhě	名	带头提倡的人。
4	所谓	suǒwèi	形	所说的。
5	避免	bìmiǎn	动	想办法不让某种情况发生，防止。避免浪费
6	产生	chǎnshēng	动	从已有事物中生出新的事物。产生垃圾
7	厨余垃圾	chúyú lājī		做饭产生的垃圾，泛指食物垃圾。
8	堆肥	duīféi	动/名	把厨余垃圾等堆积起来制作肥料；用这种方法制成的肥料。
9	降解	jiàngjiě	动	有机物分解。
10	包装	bāozhuāng	动/名	在商品外面用纸、塑料等包裹或把商品装进纸盒、瓶子等；指包装商品的东西，如纸、塑料、盒子、瓶子等。
11	便携	biànxié	形	方便携带的。便携餐具
12	一次性	yícìxìng	形	只用一次的。一次性筷子
13	纯天然	chúntiānrán	形	完全来自自然，没有经过加工的。
14	处理	chǔlǐ	动	安排（事物），解决（问题）。垃圾处理
15	携带	xiédài	动	带。
16	吸管	xīguǎn	名	用来喝水、喝饮料等的管子。
17	不锈钢	búxiùgāng	名	一种合成钢。
18	罐头	guàntou	名	一种加工后装在密封的罐子或玻璃瓶里的食品。
19	零食	língshí	名	正常饭食以外的小食品，比如巧克力、饼干、薯片等。
20	把儿	bàr	名	器物上便于用手拿的部分。牙刷把儿；水壶把儿
21	不可思议	bùkě-sīyì		对某事物无法想象，不能理解。
22	一举两得	yìjǔ-liǎngdé		做一件事，能同时得到两方面的好处。

第 5 课 零浪费生活

A 听录音，用简单的话回答问题。 5-2

1. 何佳音为什么要自己带吸管？
2. 什么是"零浪费"？
3. 除了吸管，"零浪费五宝"还包括哪些？
4. 林晓雅为什么不用超市的塑料袋和饭馆的筷子？

B 朗读对话，注意语音语调。 5-2

（在一家街边小店，林晓雅和何佳音一边喝饮料一边聊天儿。）

林晓雅： 佳音，你怎么还自己带了根吸管呀？

何佳音： 这是我新买的。怎么样？

林晓雅： 你买它干什么呀？浪费！这儿不是有免费的吸管吗？

何佳音： 我这可不是浪费。你看看，你那免费的吸管是塑料的，用一次就扔掉了，一点儿都不环保。我这是不锈钢的，可以重复使用，这才是真正的节约呀！

林晓雅： 你别说，要是从环保的角度来看，你这吸管确实比塑料的好。

何佳音： 那是！你知道我这吸管在哪儿买的吗？我是在一家小店里发现的。那个店主啊，是一个零浪费生活方式的倡导者……

林晓雅： 零浪费生活方式？什么是"零浪费"？

何佳音： 所谓"零浪费"就是避免产生任何垃圾。你知道吗？在她店里有两个玻璃的罐头瓶子，她和她男朋友三个月的垃圾，就只有两个瓶子那么多。

林晓雅： 怎么可能？我一天的垃圾两个瓶子也装不下呀！她三个月才两个瓶子，太不可思议了！她是怎么做到的呢？

何佳音： 你听我说啊。他们是把垃圾先分类。像厨余垃圾，还有一些纸啊，头发啊什么的，这些全都放在一起去堆肥。剩下的不可降解的垃圾再装进瓶子里。

林晓雅： 那瓶子里都装什么了？

何佳音： 主要是塑料，比如说用过的药片盒、零食袋，还有快递用的包装袋什么的。

林晓雅： 那她店里卖的东西，是不是都跟这个"零浪费"生活方式有关系啊？比如说你的这个吸管。

何佳音： 没错，她店里有"零浪费五宝"。

第 5 课 零浪费生活

55

林晓雅： 五宝？五个宝贝？

何佳音： 对，零浪费生活的五个宝贝，都是日常生活中常用的东西。比如说我这个吸管就是五宝之一，还有……

林晓雅： 哎哎哎，你先别说！让我猜猜还有什么。

何佳音： 好啊，看你能说出几个。

林晓雅： 既然这"零浪费五宝"都是日常用的，而且是环保的，那除了吸管，我觉得……还应该有布袋和便携餐具。

何佳音： 行啊你！一下说出来俩。

林晓雅： 因为这两样东西我自己就用。超市的塑料袋收费，我就自己带布袋，既省钱又环保，一举两得。还有那个餐具，很多饭馆的一次性筷子不卫生，带包装的餐具也不环保。现在咱们出去吃饭不都自己带餐具了吗？所以我想应该有这两样。

何佳音： 那还有两样呢？你再猜猜。

林晓雅： 还有……还有……我实在想不出来了。

何佳音： 还有水壶和牙刷。我估计你也猜不出来，哈哈。

林晓雅： 为什么？水壶和牙刷有什么特别的吗？

何佳音： 她卖的牙刷啊，把儿是竹子的，刷毛是马毛的，都是纯天然的材料，可以自然地降解掉。

林晓雅： 哦，这样说来，还真的是"零浪费"啊。那水壶呢？水壶跟"零浪费"有什么关系？

何佳音： 你平常买不买瓶装水？

林晓雅： 买呀，有时候出去玩就会买两瓶。

何佳音： 瓶子是不是塑料的？

林晓雅： 是呀，几乎都是塑料的。

何佳音： 那你喝完以后那个瓶子一般怎么处理？

林晓雅： 哦，我明白了，随身携带水壶，可以减少使用塑料瓶，减少白色污染。

何佳音： 对！重复使用更环保！

C 词语练习

产生　携带　避免　一举两得　所谓

1. _____"零浪费"不是指没有任何垃圾，而是在生活中尽量_____垃圾的_____。比如说我们可以随身_____布袋，不使用塑料袋。零浪费生活不仅可以保护环境，而且可以省钱，对我们来说是_____。

一次性　倡导　重复　处理

2. 零浪费生活是一种健康、环保的生活方式。它_____人们将垃圾分类_____，尽量购买那些能够_____使用的生活用品，不使用或少使用_____用品，减少浪费和对环境的污染。

第 5 课　零浪费生活

57

D 根据对话内容回答下列问题，注意加点词语的用法。

1. 从环保的角度来看，不锈钢吸管有什么优点？
2. 女店主做的什么事让林晓雅觉得不可思议？
3. 女店主怎么处理纸张和头发这些垃圾？
4. 不可降解的垃圾包括什么？
5. 林晓雅为什么说自己带布袋是"一举两得"？
6. 什么是一次性筷子？什么是便携餐具？
7. 随身携带水壶对环保有什么好处？
8. 零浪费五宝，你有几宝？

E 两人一组，用指定的词语回答问题。

1. 塑料有什么问题？怎么减少塑料制品的使用？（塑料，降解，包装，纯天然）

   塑料袋；塑料吸管；塑料瓶；塑料牙刷；一次性塑料制品
   不可降解；很难降解；容易降解；自然降解
   塑料包装；用……包装的商品
   纯天然材料；纯天然的产品

2. 不锈钢吸管和便携餐具的共同点是什么？（携带，角度，重复，浪费）

   随身携带；外出携带；方便携带
   从使用的角度来看；从卫生的角度来看；从环保的角度来看
   重复使用；重复利用
   避免浪费；减少浪费

3. 零浪费生活小店的店主是怎样处理垃圾的？（处理，堆肥，降解）

   分类处理；处理生活垃圾
   把厨余垃圾做成堆肥；用厨余垃圾堆肥；堆肥处理
   不可降解；很难降解

4. 零浪费生活的意义是什么？（倡导，环保，避免，一举两得）

   倡导环保的生活方式；倡导垃圾分类；积极倡导
   从环保的角度来说；环保的生活方式
   避免浪费；避免污染环境；避免垃圾的产生
   可谓一举两得；一举两得的做法

F 两人一组，借助小词库中的词语谈一谈：课文中提到的"零浪费五宝"的优点是什么？生活中像"零浪费五宝"这样的物品你还知道哪些？

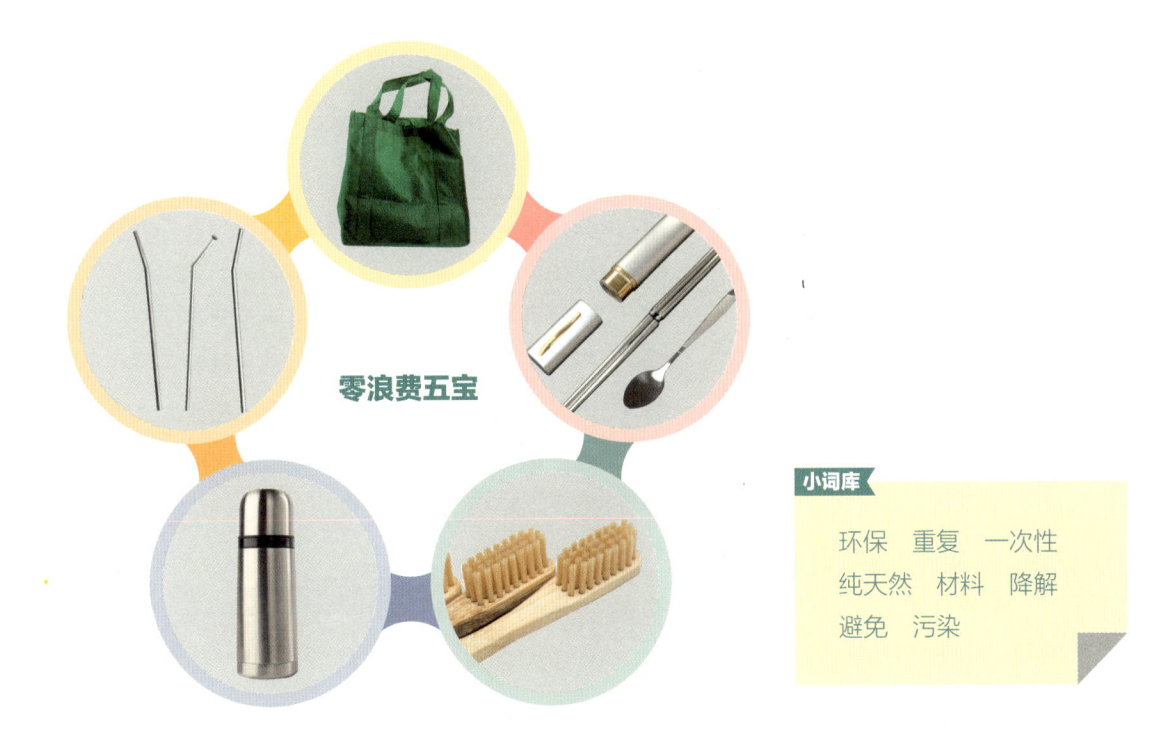

零浪费五宝

小词库

环保　重复　一次性
纯天然　材料　降解
避免　污染

第 5 课　零浪费生活

59

G 三至四人一组，借助结构图和小词库，介绍一下零浪费生活方式。

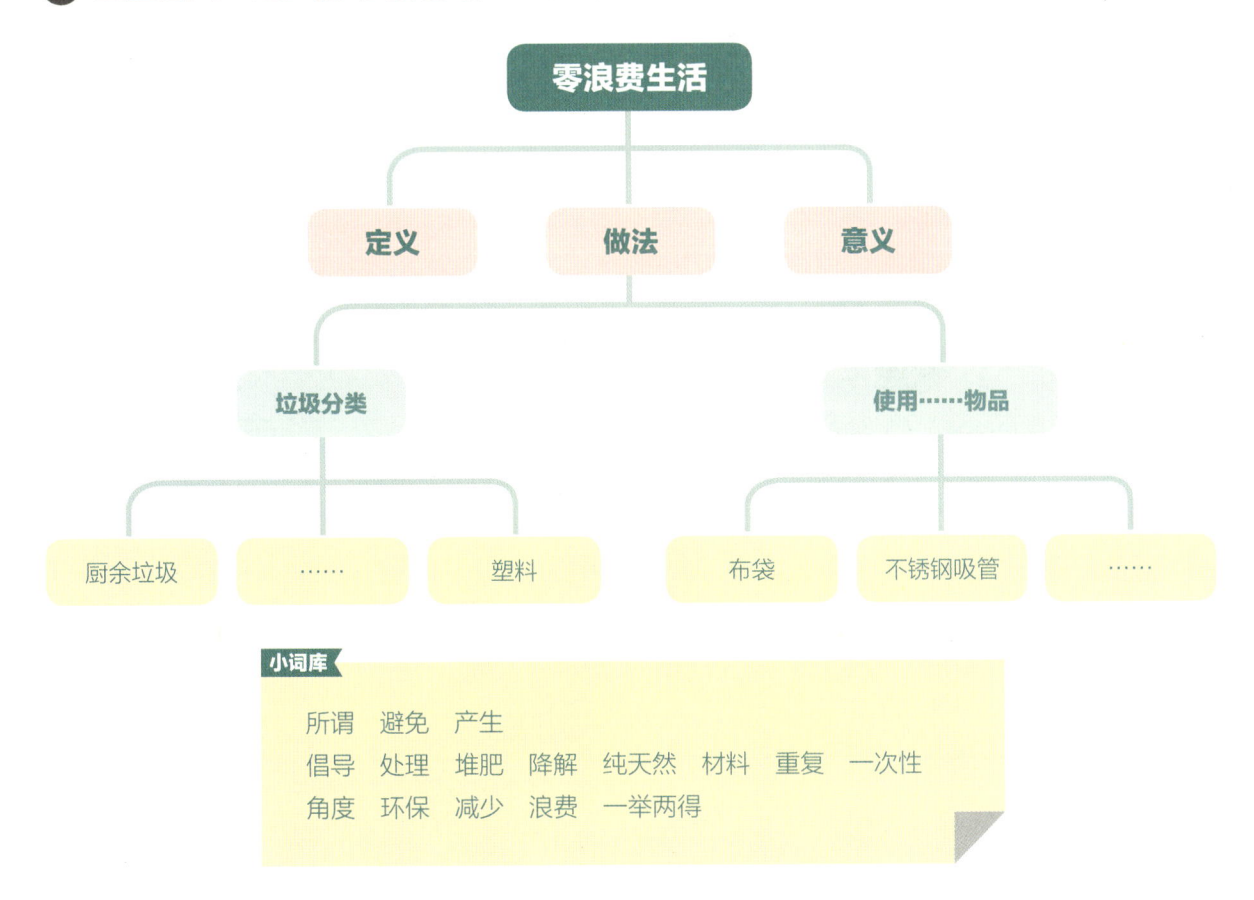

零浪费生活
├─ 定义
├─ 做法
└─ 意义

垃圾分类
├─ 厨余垃圾
├─ ……
└─ 塑料

使用……物品
├─ 布袋
├─ 不锈钢吸管
└─ ……

小词库

所谓　避免　产生
倡导　处理　堆肥　降解　纯天然　材料　重复　一次性
角度　环保　减少　浪费　一举两得

》拓展

词语表 5-3

1	拒绝	jùjué	动	不接受（请求、礼物等）。
2	延长	yáncháng	动	使变长。延长使用时间
3	肥料	féiliào	名	能使植物发育生长，对植物来说有营养的东西。
4	捐	juān	动	拿出财物来帮助别人。捐衣物；捐钱
5	慈善	císhàn	形	关怀别人，富有同情心。慈善事业
6	机构	jīgòu	名	指机关、团体等工作单位。慈善机构；养老机构
7	耗费	hàofèi	动	（时间、金钱等）因使用而逐渐减少。耗费时间
8	资源	zīyuán	名	生产资料或生活资料的来源。森林资源；水资源
9	设立	shèlì	动	成立，建立。设立机构
10	物尽其用	wù jìn qí yòng		尽量发挥出各种东西的作用，不浪费一点儿东西。

A 零浪费生活方式的 6R 原则

➜ 零浪费生活方式有六个原则，被称为"6R 原则"。两人一组讨论：下面哪些行为符合 6R 原则？符合哪个原则？

零浪费 6R 原则

Refuse	拒绝	REFUSE what you do not need 拒绝你不需要的物品，避免垃圾的产生
Reduce	减少	REDUCE what you need 减少你需要的物品
Reuse	重复利用	REUSE what you have/consume 重复利用，物尽其用，让闲置物品再次利用
Repair	修理	REPAIR what you can't reuse 修理物品，延长物品的使用时间，而不只是回收处理它们
Recycle	回收	RECYCLE what you can't refuse, reduce, reuse or repair 回收利用不能拒绝、减少、再用或修理的物品
Rot	堆肥	ROT what remains 堆肥降解不能再用、修理、回收的物品

1. 少买衣服
2. 少点外卖
3. 购买二手家具
4. 不使用免费的塑料吸管
5. 把用过的电池放进专门的回收箱
6. 买水果的时候随身携带布袋，不用塑料袋
7. 不买一次性产品，比如说纸巾
8. 把快递的纸盒和塑料包装一起扔进垃圾桶
9. 自己动手修补家具，延长家具的使用时间
10. 把厨余垃圾专门放到一个地方去堆肥，变成肥料

➥ 两人一组，互相提问以下问题。如果他/她的回答符合某个6R原则，请在表格里对应的原则处画"√"；如果不符合，请画"×"。所有问题都互相问完以后，介绍一下你的同伴做过哪些符合6R原则的事情。

1. 你购买过二手物品吗？
2. 你使用塑料吸管吗？
3. 你随身携带布袋吗？
4. 你使用纸巾吗？
5. 你用过电池回收箱吗？
6. 你平时会做一些修理工作吗？
7. 你会把厨余垃圾进行堆肥处理吗？
8. 你会给自己的生活做减法，有意识地少买东西吗？
9. 你还做过其他符合6R原则的事情吗？

6R原则	1	2	3	4	5	6	7	8	9
拒绝（Refuse）									
减少（Reduce）									
重复利用（Reuse）									
修理（Repair）									
回收（Recycle）									
堆肥（Rot）									

➥ 零浪费生活用品小店的店主也谈到了6R原则。她讲了五段话，每段话和一个原则有关。请根据听到的内容，将对应的原则填写在下表中。🔊 5-4

第1段话	第2段话	第3段话	第4段话	第5段话

B 二手物品共享区

➥ 上题的第5段录音中提到了二手物品共享区。再听一遍录音，根据提示图和小词库回答问题。🔊 5-4-5

1. 为什么要设立二手物品共享区？

搬家　平时　→　二手物品共享区

小词库
浪费　处理　闲置
避免　重复

2. 二手物品共享区对送来的物品有什么要求？

衣服　家具　书籍　……　→　二手物品共享区

第5课　零浪费生活

3. 从二手物品共享区拿取物品有什么要求?

> **小词库**
>
> 免费　原则　避免　浪费

↘ 两人一组,参考下图,介绍一下二手物品共享区。

- 设立原因
  - 搬家
  - 平时
- 物品
  - 种类
  - 要求
- 取用原则

↘ 全班讨论:你是否会把自己不用的东西送到二手物品共享区?你是否会到这里挑选自己需要的东西?请说明理由。

↘ 三至四人一组,假设你们要合作开一家零浪费生活用品小店,正在讨论是否要设立二手物品共享区。

1. 参考下图,说一说:设立二手物品共享区有哪些好处?可能会产生哪些问题?

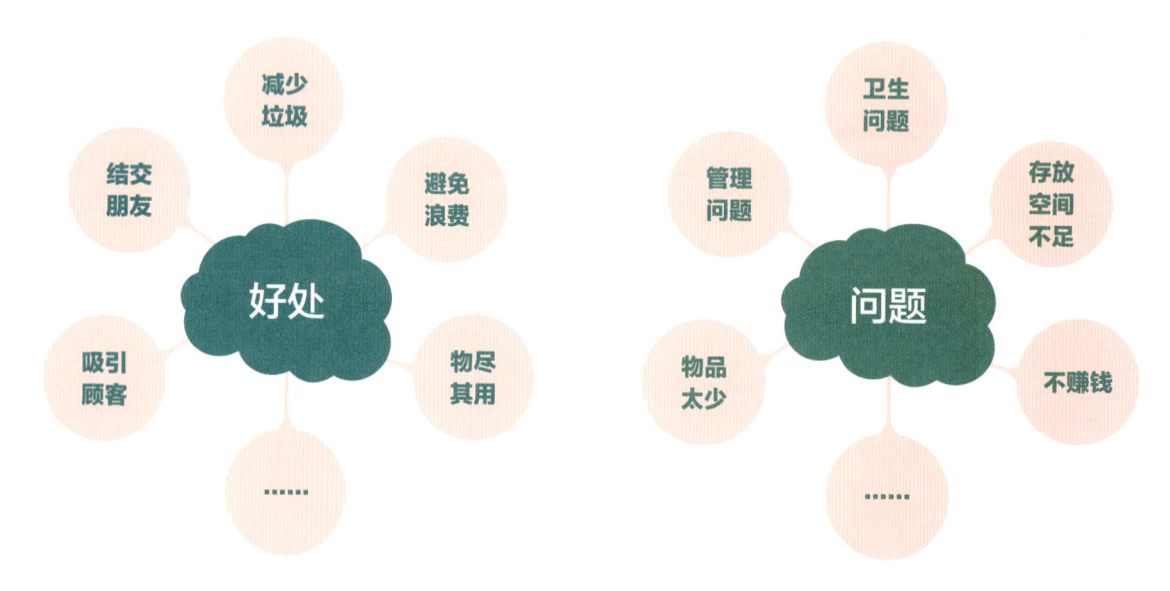

好处:
- 减少垃圾
- 避免浪费
- 结交朋友
- 吸引顾客
- 物尽其用
- ……

问题:
- 卫生问题
- 存放空间不足
- 管理问题
- 物品太少
- 不赚钱
- ……

2. 每人发表自己的看法,最后投票决定是否设立二手物品共享区。

3. 选一名代表向全班说明你们设立或者不设立二手物品共享区的理由。

C Bea Johnson 的零浪费生活

1. 买东西时自备购物袋。
2. 买东西时自备玻璃罐（可装食品，如鲜肉等）。
3. 拒绝购买包装商品。
4. 拒绝购买一次性产品，如纸巾和即用即丢的杯盘。
5. 外出和参加聚餐时自备杯盘碗筷。
6. 拒绝塑料袋，即使收银员已经把东西装袋，也要求他／她把东西取出。
7. 拒绝免费赠品，如在许多活动中免费分发的瓶装水和签字笔。
8. 不穿的旧衣服以及不再使用的生活用品，捐给慈善机构。
9. 把垃圾桶改为堆肥桶。厨余垃圾、纸张等都用来堆肥，既可减少垃圾量，又能制造园艺肥料。
10. 不用订书机，改用回形针。

➡ 上面是零浪费生活倡导者 Bea Johnson 的一些做法。对你来说，哪些很容易做到？哪些比较难？有没有你做不到的？请把序号填写在下表中。

很容易做到	比较难，但是可以试试	做不到

➡ 两人一组，互相对比观点，把序号填写在下表中。如果观点不同，请分析原因。

观点 做法	观点相同 ①很容易做到 ②比较难，但是可以试试 ③做不到	观点不同 观点 ①很容易做到 ②比较难，但是可以试试 ③做不到		原因 ①国情制度不同 ②社会传统不同 ③个人习惯不同
1		我：	同伴：	
2		我：	同伴：	
3		我：	同伴：	
4		我：	同伴：	
5		我：	同伴：	
6		我：	同伴：	
7		我：	同伴：	
8		我：	同伴：	
9		我：	同伴：	
10		我：	同伴：	

第 5 课 零浪费生活

D 我与"零浪费"

↘ 三至四人一组，介绍零浪费生活，然后说一说：对于零浪费生活的一些做法，哪些你已经在实践？哪些你愿意尝试？哪些你不会尝试？为什么？每人至少使用五个本课学习的词语，并把它们写在小词库中。

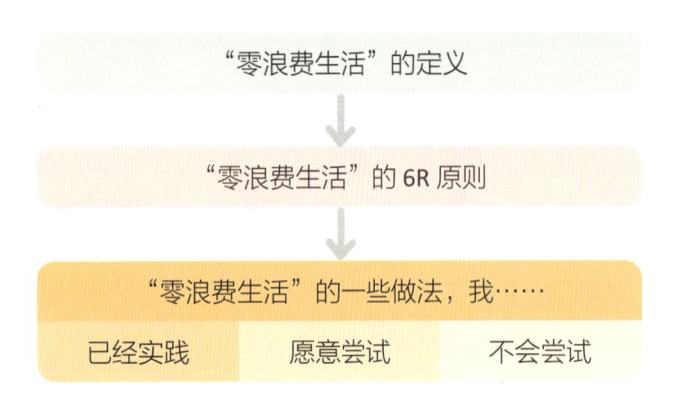

"零浪费生活"的定义
↓
"零浪费生活"的 6R 原则
↓
"零浪费生活"的一些做法，我……

| 已经实践 | 愿意尝试 | 不会尝试 |

小词库

i PRODUCE

>> 完成任务

任务支持

下表中是本课学习的词语，供你在完成任务时选用。

我的表达需要	我的表达工具
浪费产生的原因	一次性　包装　产生　垃圾　闲置
浪费的后果	污染　耗费　资源
浪费问题的解决	环保　倡导　避免　分类　处理　厨余垃圾　堆肥　肥料　降解　拒绝　减少　携带　便携　纯天然　材料　重复　捐　慈善　机构　回收　二手　修理　延长　设立　一举两得　物尽其用
其他	角度　所谓　不可思议

任务选择

任务一　接受采访

某个媒体的记者在街头对你进行随机采访，请用一段结构完整、逻辑清晰、观点明确的话说一说你对于零浪费生活方式的看法。

任务二　实地调查

以小组为单位，调查学校或者社区中人们（至少 3 人）对于零浪费生活方式的看法以及有关这种生活方式的做法。做一个 PPT 向全班展示、汇报。

任务三　课堂辩论

正方　完全赞同零浪费生活方式的做法
反方　不赞同某些做法

根据不同观点，分正反方进行课堂辩论（每场辩论 6—8 人，每组辩手 3—4 人）。在辩论中，不但要清晰地表达、证明自己的观点，而且能够反驳对方的观点。

▶ **辩论准备**

讨论并整理对方的观点和证明方法，再看看可以从哪些角度反驳，把讨论内容填写在下表中。

我们的观点是：	
对方的观点是：	
对方很可能从这些角度证明观点	**我们可以这样反驳**
例如：不赞同减少不必要的东西这个做法，因为买到喜欢的东西让人快乐。	例如：太多的东西并不能带给人快乐，反而会带来很多烦恼。

›› 评价

你觉得你的同伴表现得怎么样？请简单说说他／她哪些地方做得好，列举几条。

他／她的优点有：

1. _____
2. _____
3. _____

第 6 课 >>
当你老了

i PREPARE

》热身

传统的家庭养老方式来自父母与子女之间的责任、义务和感情联结。随着时代的发展变化，必然会产生新的养老方式，例如去养老院养老。请观看视频。

牛刀小试

A 双人活动

两人一组讨论，说一说：视频中的这些人都不愿意送父母去养老院，他们提到了哪些方面的原因？如果家庭养老有困难，他们打算怎么解决？

B 结果展示

以小组为单位，把讨论的结果向全班简要汇报。

学习目标

通过本课的学习，你将能够：

1. 理解和使用与"养老"有关的词语。
2. 了解中国养老方式的成因、特点、发展变化和现状，能够描述和分析常见的养老方式。
3. 表达自己对养老问题的态度和看法，以及个人的养老计划。

i EXPLORE

》》对话

词语表 🔊 6-1

1	养老	yǎnglǎo	动	在家庭或社会机构中，照顾老人的晚年生活。
	养老院	yǎnglǎoyuàn	名	集中照顾老人的公立或者私立机构。
2	滋味	zīwèi	名	味道，感受。"心里不是滋味"指心里有些难受。
3	抚养	fǔyǎng	动	给孩子提供生活保障和照顾，使孩子长大。抚养孩子
4	资助	zīzhù	动	用财物帮助。资助子女买房子；资助穷困的孩子上大学
5	奉献	fèngxiàn	动	不要求报答地付出。
6	报答	bàodá	动	用实际行动来表示感谢。报答父母的抚养
7	即便	jíbiàn	连	即使。
8	受罪	shòuzuì	动	遭到苦难和折磨。
9	孝	xiào	动	尊敬、服从和照顾父母及家族长辈。
10	趋势	qūshì	名	事物发展的大方向。
11	老龄化	lǎolínghuà	动	在人口中六十或六十五岁以上的老年人占总人口的比例呈上升趋势。人口老龄化
12	保姆	bǎomǔ	名	被花钱请来照顾儿童、老人或做家务的人，过去一般是女性，现在也有男性。
13	指望	zhǐwàng	动	期待，盼望。
14	空巢	kōngcháo	名	没有鸟的窝。"空巢老人"比喻子女都不在身边的老人。
15	不妨	bùfáng	副	表示可以做某件事，没有什么害处。
16	尽	jìn	动	全部用出，全部做到。尽责任；尽义务；尽力；尽孝
17	养老送终	yǎnglǎo sòngzhōng		照顾年老的父母或长辈直到他们去世。
18	理所当然	lǐsuǒdāngrán		按道理应该这样。
19	无能为力	wúnéngwéilì		用不上力量，因能力达不到而无法帮助。
20	天伦之乐	tiānlúnzhīlè		父母子孙团聚在一起，幸福和谐的快乐。

A 听录音，用简单的话回答问题。 🔊 6-2

1. 张丽的母亲为什么提到要去养老院？
2. 从过去到现在，中国家庭人口有哪些变化？
3. 对于自己的晚年生活，李岩担心什么？
4. 张丽为什么觉得他们以后不会孤独寂寞？
5. 如果李岩、张丽没有孩子，他们父母的晚年会快乐吗？

第 6 课 当你老了

B 朗读对话，注意语音语调。 6-2

（张丽和李岩在客厅聊天儿。）

张丽：你猜妈今天跟我说什么了？她说自己的身体一天天变差，照顾小岩越来越吃力，等她和爸再也不能帮我们了，就一起去养老院，不用我们照顾。我听着心里真不是滋味。

李岩：老人只是随便说说，你别太往心里去。

张丽：爸妈先把我抚养长大，再资助我们买房成家，最后又帮我们带孩子，奉献了一辈子。本来想着等他们老了，我们可以好好报答他们，给他们养老送终，现在他们却主动要去养老院，我真觉得对不起他们。

李岩：过去子女多，又没有足够的社会支持，家庭养老理所当然。而现在，只靠小家庭给老人养老送终就不太现实了。你姥爷卧床那些年，你妈妈他们六个兄弟姐妹轮流去照顾。现在咱俩一共就一个姐姐，谁能有这样的时间和精力呢？再等到小岩这一代结婚，两个独生子女能同时照顾四个老人和至少一个孩子吗？何况人的寿命越来越长，你我九十多岁时，小岩自己也快七十岁了，即便他想为我们养老送终，恐怕也无能为力吧。

张丽：我明白传统养老方式要改变。可我就是不放心，要是养老院照顾得不好，父母在养老院吃苦受罪、不开心，我们可就太不孝了！

李岩：我懂你。不过既然社会养老是时代发展的必然趋势，社会对老人的支持和保障一定会越来越多。现在很多国家都有老龄化问题，养老问题一定会得到重视，养老院会越来越专业，条件会越来越好。

张丽：你说得好像养老院不要钱一样，条件越好的养老院肯定也越贵。看来还是得多赚钱，先送父母去最贵最好的养老院，剩下的留给自己。将来或者请保姆，或者去高级养老院。既不用指望孩子，也不用担心退休金、养老保险不够。

李岩：说不定三十年后养老院就不要钱了。再说那时候科技也进步了，说不定养老院也不用去了，家里就有国家免费送的机器人保姆照顾咱们的饮食起居，全面服务。

张丽：想得挺美！你怎么一点儿不发愁啊，还开玩笑！

李岩：其实我也有担心的问题。比如老了以后即便吃喝不愁，还是会孤独寂寞。小岩可能在外地，可能在外国，甚至可能在外星，我们就是"空巢老人"。

第 6 课 当你老了

71

张丽： 外星？小岩都成外星人啦？有你在家不停地开玩笑，我是不会寂寞了。再说到时候"空巢老人"少不了，不妨找一群合得来的老头儿老太太，先一起周游世界，等走不动了就租个大房子住到一起互相照顾，抱团儿养老。

李岩： 你和你的朋友们一定别忘了带上我！哎，你说，如果不用照顾小岩，爸妈现在是不是可以开心地周游世界去了？

张丽： 周游有可能，开心不太可能。他们还是老观念，说起不用照顾孙辈的老头儿老太太，开始有点儿羡慕，下一句就说他们可怜，没有孙子孙女，享受不到天伦之乐。

李岩： 等我们老了，得记着今天的话。等小岩大学毕业，我们也就尽完了责任和义务。至于小岩有没有钱买房子，是不是成家立业了，有没有孩子，我们都不问不管，直接跟老伙伴们高高兴兴周游世界去啦！

C 词语练习

孝　天伦之乐　养老送终　理所当然

1. 中国传统文化中，非常重视"＿＿＿＿"。在生活上，子女＿＿＿＿要尽力照顾好老人，为老人＿＿＿＿。同时，在情感上，子女也要让老人享受＿＿＿＿，和儿孙生活在一起，安享幸福、美好的晚年生活。

奉献　抚养　资助　报答

2. 在中国，很多父母不仅＿＿＿＿子女长大，而且在子女成年后仍继续为他们＿＿＿＿：先＿＿＿＿子女买房成家，再帮助他们照顾孩子。特别是一些小家庭中，双方父母可能都为夫妻两人提供了各种支持，而且不求子女＿＿＿＿他们。

保姆　指望　趋势　养老院　无能为力

3. 随着时代的发展，传统养老方式发生变化是必然的＿＿＿＿。家庭人口变少，老人寿命变长，子女对于给父母养老可能＿＿＿＿。因此，很多人都开始计划晚年生活，不再＿＿＿＿子女为他们养老。他们有人打算买好保险，将来或者去专业的＿＿＿＿，或者请＿＿＿＿照顾自己；还有人打算和老朋友们住到一起互相照顾，抱团儿养老。

D 根据对话内容回答下列问题，注意加点词语的用法。

1. 父母主动要去养老院，张丽为什么觉得心里不是滋味？
2. 为什么李岩觉得他们自己给老人养老送终不太现实？
3. 如果把父母送去养老院，在什么情况下，张丽会觉得自己很不孝？
4. 对于社会养老的发展趋势，李岩的看法和观点是什么？
5. 张丽认为如果不指望孩子养老，自己应该做好什么准备？
6. "空巢老人"们不妨怎样一起养老？
7. 作为父母，李岩觉得什么是自己应尽的责任和义务？什么不是？

E 两人一组，用指定的词语回答问题。

1. 在中国人的传统观念中，子女应该怎样对待父母？（孝，理所当然，养老送终，天伦之乐）

    孝顺父母；孝敬父母；为父母尽孝
    ……是理所当然的；理所当然应该……；理所当然的责任／义务
    给父母养老送终；为父母养老送终
    让父母享受天伦之乐；一家人共享天伦之乐

2. 不能亲自为父母养老，很多子女都会觉得心里不是滋味。之所以会这样，除了受传统观念的影响，还有哪些原因？（奉献，抚养，资助，报答）

    为子女奉献；奉献时间；奉献金钱；奉献精力；奉献一辈子
    抚养子女长大；抚养孙辈
    资助子女求学；资助子女买房成家；资助子女创业；在……方面给子女资助
    报答父母对自己的抚养；报答父母的资助；尽力报答；理应报答

3. 当今中国家庭子女少，社会老龄化问题越来越严重，传统的家庭养老方式必然会产生哪些问题？发生哪些变化？（指望，空巢，无能为力，趋势）

    指望不上孩子；没法儿指望孩子；指望子女轮流照顾；不能指望……
    产生大量"空巢老人"；成为"空巢老人"；"空巢老人"增加
    对……无能为力；感到无能为力；在……上无能为力
    时代发展的趋势；必然趋势；未来的趋势是……

4. 老人的晚年生活可以怎么度过？（养老，养老院，保姆，不妨）

    家庭养老；社会养老；去养老院养老；抱团儿养老；互助养老
    专业养老院；公立养老院；私立养老院；高级养老院
    专业的保姆；高级保姆；请保姆
    不妨去……；不妨这样，……；不妨准备好……

F 两人一组，参考下图，说一说传统养老方式和新型养老方式的形成原因、做法和好处。

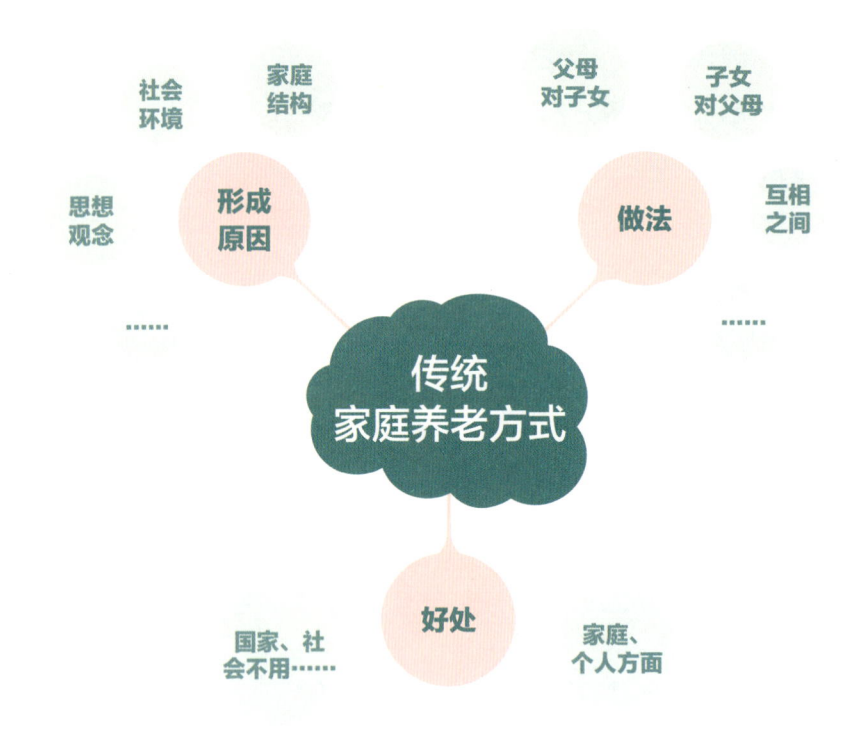

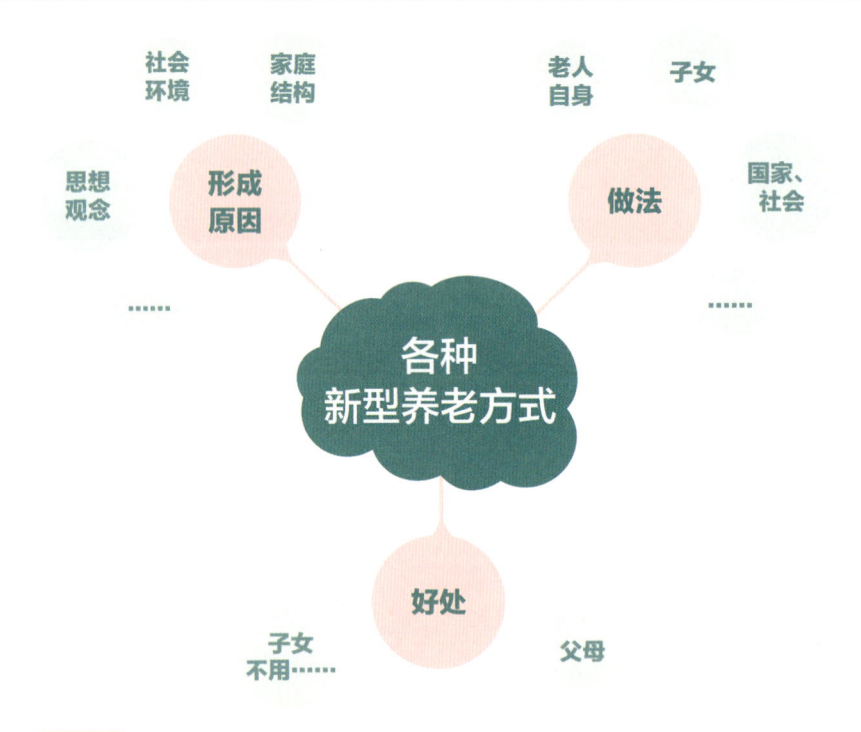

传统家庭养老方式

- **形成原因**：社会环境、家庭结构、思想观念……
- **做法**：父母对子女、子女对父母、互相之间……
- **好处**：国家、社会不用……；家庭、个人方面……

各种新型养老方式

- **形成原因**：社会环境、家庭结构、思想观念……
- **做法**：老人自身、子女、国家、社会……
- **好处**：子女不用……；父母……

小词库

尽孝　责任　义务　支持　保障　抚养　资助　奉献　照顾
报答　指望　依赖　受罪　享受
寿命　老龄化　趋势　精力　保姆　退休金　养老保险　养老服务
空巢老人　独生子女　兄弟姐妹　轮流
养老送终　理所当然　无能为力　天伦之乐

G 根据对话内容，参考下图，总结时代变化与中国养老方式发展变化之间的关联。

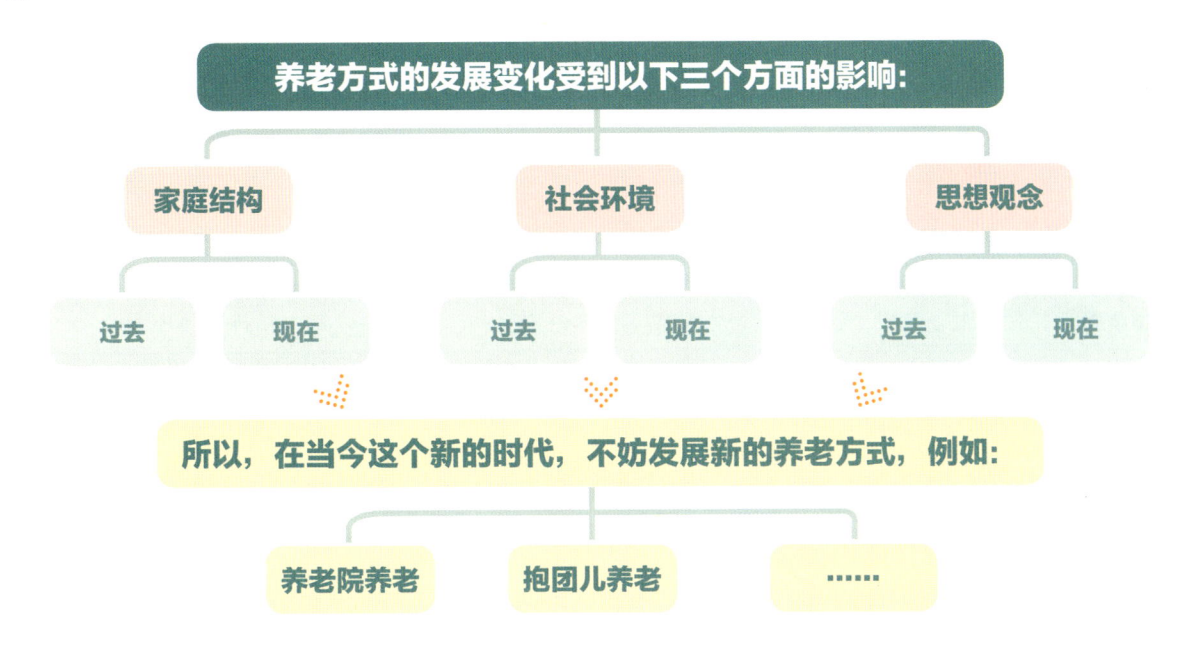

养老方式的发展变化受到以下三个方面的影响：

- 家庭结构
  - 过去
  - 现在
- 社会环境
  - 过去
  - 现在
- 思想观念
  - 过去
  - 现在

所以，在当今这个新的时代，不妨发展新的养老方式，例如：

- 养老院养老
- 抱团儿养老
- ……

拓展

词语表 6-3

1	归宿	guīsù	名	人或事物最后的结局、归属。最后的归宿
2	自理	zìlǐ	动	在生活中能够自己照顾自己。生活不能自理
3	遗产	yíchǎn	名	死者留下的财物、财产。分遗产；获得遗产
4	拖累	tuōlěi	动	由于自己的问题，给别人带来麻烦和困难。拖累子女；拖累家人
5	晚辈	wǎnbèi	名	与"长辈"相反，指相对于长辈来说，家族中的下一代。
6	社区	shèqū	名	在一定地理范围内由相互关联的人们所组成的社会生活共同体。居民社区；新社区
7	父母在，不远游	fùmǔ zài, bù yuǎn yóu		父母还活着的时候，不应该远离父母。这是中国人的传统观念之一。
8	养儿防老	yǎng ér fáng lǎo		养大孩子，以便自己老了以后有所依靠。

第 6 课 当你老了

A 老人的归宿

→ 关于"去养老院养老"这一问题,记者采访了几位受访者。听录音,完成下面的练习。 🔊 6-4

1. 听第一遍,完成表格。

	说话人是:A. 父母 B. 子女	支持 / 不支持去养老院养老
受访者 1		
受访者 2		
受访者 3		
受访者 4		

2. 再听一遍第一和第二段采访,完成表格。

	去 / 不去养老院的原因	对养老院的评价	问题 / 遗憾 / 担忧	希望 / 心愿
受访者 1	1. 2.			
受访者 2	1. 2.			

3. 再听一遍第三和第四段采访,完成表格。

	支持 / 不支持父母去养老院的原因	自己的打算和感想
受访者 1		
受访者 2		1. 2.

B "空巢老人",中国式养老之痛?

"空巢老人"的产生

随着中国跑步进入老龄化社会,60 岁以上的老人数量快速增多,"空巢老人"也正以前所未有的速度增加。随着第一代独生子女的父母陆续进入老年,2030 年中国"空巢老人"将增加到两亿多人,占老人总数的九成。

以前还是子女,特别是儿子要负责父母的养老,现在许多子女结婚后拥有自己的住房,与老人分开居住,使一些老人成为"空巢老人"。另外,中国的独生子女家庭和有两个孩子的家庭占多数,这些家庭的孩子成年后离开家乡,也会导致"空巢老人"的产生。

"空巢老人"的养老难题

罗阿姨的女儿一家人一个月最多来看望她和老伴儿一次。罗阿姨说:"女婿也是独生子,他的父母那边也要照顾到。再说年轻人有自己的生活方式,工作压力也大,不能总想着依赖他们。"目前罗阿姨与 67 岁的老伴儿身体还算健康,两人每月 4000 多元的养老金足够日常生活的开支,"空巢"还没有带来实际的问题。

相比之下,独自一个人居住的李奶奶就更不容易了。76 岁的李奶奶有两种慢性病,两年前因病导致行动不便后，最基本的吃喝都成了问题。以前李奶奶所在的社区曾经有过专门为老人开设的"小饭桌"（餐厅），后来由于用餐老人越来越少，"小饭桌"就暂时取消了。"现在只能靠女儿每周末过来帮忙做顿饭，或者带来够吃一周的包子、饺子。"李奶奶说，"女儿也53岁了，健康状况也不是很好，还有自己的家庭要照顾。"为了尽量不拖累女儿，她的生活是，"晚上尽量少喝水、少吃饭、少去卫生间"，"也尽可能少洗澡，万一摔倒、摔伤，几个月完全不能自理，自己和女儿就都太受罪了"。

不论是渴望儿孙亲情的罗阿姨，还是需要家人照料的李奶奶，"空巢老人"的背后是中国越来越严重的老龄化难题。

中国"空巢老人"的养老问题为何会成为一个社会难题？首先是传统的家庭养老方式不再适合许多家庭的现状。过去，中国家庭大都是"三代同堂""四世同堂"，老人在家中可以老有所依、老有所养。现在，家庭中基本上都是一个或两个子女，子女没有足够的时间和精力照顾多位老人。此外，经济问题也是一个较为重要的原因。如果独生子女收入较高还能照顾到家庭和老人，但大部分人都是一般职业，收入不高，所以经济成为了养老的限制因素。父母有退休金、养老保险还能得到一些保障；如果没有，光靠子女，就会给子女和家庭带来沉重的负担。

如何解决"空巢老人"的养老难题？

首先，要建立完善的养老保险制度，让老年人有基本的养老保障；其次，要发展社区养老，设立专业的养老服务机构，为老年人提供就餐、医疗等服务，方便老年人的生活；再次，要发展老年消费市场，让老年人参与到社会经济生活中，满足老年人消费需求的同时，通过消费带动经济发展。

（本文节选自《参考消息》。）

➜ 阅读上面的材料，根据提示图回答问题。

1. 为什么会产生"空巢老人"？

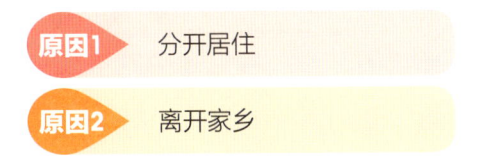

   原因1 分开居住

   原因2 离开家乡

2. 为什么会出现"空巢老人"的养老难题？

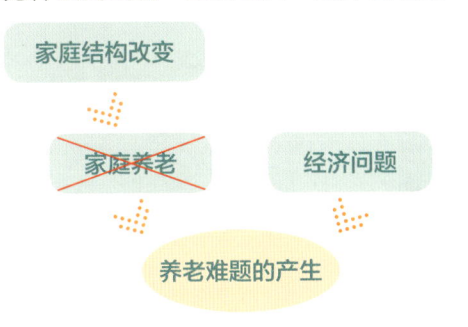

   家庭结构改变

   家庭养老　　经济问题

   养老难题的产生

3. 怎样解决"空巢老人"的养老难题？
   - 完善养老制度
   - 设立专业机构
   - 发展老年消费市场

↘ 四人一组，说一说：在你们国家，"空巢老人"多吗？他们有没有和中国老人一样的养老问题？你们国家是怎样解决老年人的养老问题的？

C 四种养老方式

- **家庭养老**
家庭养老是指老年人按照中国的传统，选择居住在家里，而不是住在养老机构内，安度晚年的养老方式。

- **机构养老**
机构包括养老院、养老公寓等，能为老年人提供各方面的专门服务，老年人自愿入住。机构养老将是未来养老的主要方式之一。

- **社区居家养老**
老年人居住在家里与社会化上门服务相结合的一种新型养老方式。这种方式可以让老人、子女、养老服务人员、政府各取所需，使养老资源得到充分利用。它的形式主要有两种：一是由经过专业培训的服务人员上门为老年人提供照料服务；二是在社区设立老年人日间服务中心，为老年人提供日托服务。社区居家养老弥补了家庭养老的不足，是政府倡导的一种新型养老方式。

- **抱团儿养老**
这种养老方式起源于二十世纪六七十年代的北欧，后来逐渐在欧美各地流行起来。主要指彼此兴趣爱好、生活习惯一致的老朋友，不依靠子女，离开传统家庭，搬到同一个地方共同居住，共同承担生活成本，彼此满足交际和情感的需求。中国的老龄化问题日益严重，庞大的老龄人口对于养老的需求十分强烈。抱团儿养老这一相对较新的养老形式，能否更好地解决养老问题，现在仍有很多不同的意见。

↘ 两人一组，说一说：和家庭养老、机构养老相比，社区居家养老和抱团儿养老的好处有哪些？

……帮忙照顾老人 — 社区居家养老 | 家庭养老 — 家庭、子女的压力……

老人可以生活在……

情感和社交方面，……— 生活习惯和生活方式方面，……

抱团儿养老 | 机构养老

↘ 三至四人一组，说一说：你们国家有没有社区居家养老或抱团儿养老的养老方式？如果有，这两种方式目前发展得怎么样？你将来会选择这些养老方式吗？为什么？

i PRODUCE

完成任务

任务支持

下表中是本课学习的词语，供你在完成任务时选用。

我的表达需要	我的表达工具
社会环境	老龄化　趋势　保障　支持
传统养老方式和观念	抚养　资助　奉献　晚辈　报答　孝　尽（责任/义务） 养老送终　理所当然　天伦之乐　养儿防老　父母在，不远游 轮流照顾　家庭养老
新型养老方式和观念	养老院　保姆　自理　归宿　机构养老　社区居家养老　抱团儿养老 退休金　养老保险
时代变化和传统养老方式的冲突	（心里不是）滋味　受罪　空巢　指望　依赖　拖累　即便　无能为力
养老方式建议	不妨

任务选择

任务一　交流讨论（任选其一）

1. 你的父母对于养老有什么计划或打算？
2. 当你老了，理想的养老方式和老年生活是什么样的？
3. 你怎么看待中国人的养老方式？

任务二　角色扮演

扮演几位老人，谈论现在的生活，讨论几种养老方式的利弊，并决定自己今后怎么养老。

要求：4—5人一组，其中2人是"空巢老人"或一对"空巢"老夫妇，另外2人是正和子女住在一起，帮他们照顾孩子的老夫妇。如有第5个人，则是一位没有丈夫或妻子，也没有孩子的独居老人。每人至少使用4个本课学习的词语。

任务三　文化对比

中国的养老问题和你们国家的养老问题有哪些相同点和不同点？你觉得国家解决这些养老问题的方法合适吗？这些方法有哪些好的方面？有哪些不好的方面？请以圆桌会议的形式，对比介绍你们国家的养老问题。

任务四　实地调查

以小组为单位，调查你们国家养老院的现状，分别从政府支持、养老院的环境、养老院的人员服务和价格等方面进行调查。做一个PPT向全班展示、汇报。

>> 评价

我觉得很有成就感,以下几个方面我做得很棒!(请画"√",并简单说明。)

☐ 1. 我用了新学的词语,比如说:_____

☐ 2. 我说的话结构很清楚,我的结构是这样的:_____

☐ 3. 我会用过渡句,比如说:_____

☐ 4. 我说的内容很丰富,包括以下几个方面:_____

☐ 5. 我理解了新的文化知识/社会现象,比如说:_____

☐ 6. 我能从对比的角度看待各种文化,比如说:_____

第 7 课

数字时代的代沟

Search

i PREPARE

》热身

现在，年轻人甚至小孩子都能熟练使用手机和网络，而很多老人却始终难以适应智能设备，给生活造成很多不便。请观看一段演讲视频。

牛刀小试

A 双人活动

两人一组，根据刚才的演讲片段，讨论并回答以下问题。

小张父母使用手机有困难吗？	小张是怎么做的？	演讲人觉得，代沟问题能够解决吗？需要怎么解决？

B 结果展示

以小组为单位，把讨论的结果向全班简要汇报。

学习目标

通过本课的学习，你将能够：

1. 理解和使用与"数字时代的代沟"有关的词语。
2. 结合时代发展，描述和分析数字时代的代沟问题。
3. 为数字时代的代沟问题提出解决建议。

i EXPLORE

对话

词语表 7-1

1	折腾	zhēteng	动	反复而低效地做某件事或某一类事。
2	智能设备	zhìnéng shèbèi		指经过高科技处理，具有某些人的智慧和能力的新型产品，如智能手机、电脑等。
3	操作	cāozuò	动	按照一定的程序和技术要求进行活动。操作机器；复杂的操作
4	技能	jìnéng	名	掌握和运用专门技术的能力。基本技能；专业技能
5	免得	miǎnde	连	以免，为了避免。免得做错；免得花钱；免得依赖别人
6	虚假	xūjiǎ	形	假的，不真实的。虚假信息
7	辨别	biànbié	动	根据不同事物的特点来区分事物。辨别真假；对……进行辨别
8	代沟	dàigōu	名	两代人之间在思想观念、生活习惯和兴趣爱好等方面的差异。
9	监控	jiānkòng	动	监督和控制。监控网络信息；对……进行监控
10	敷衍	fūyǎn	动	做事不负责任或待人不诚恳，只做表面上的应付。敷衍老板；敷衍了事；对……很敷衍
11	权威	quánwēi	名	使人信服的力量和威望；最有威望、地位的人或事物。服从权威；怀疑权威；打破权威
12	眼光	yǎnguāng	名	观察事物的能力；观点。很有眼光；看……的眼光；老眼光
13	反思	fǎnsī	动	思考过去的事情，从中总结经验教训。反思自己；反思过去；对……进行反思
14	索性	suǒxìng	副	干脆。
15	日新月异	rìxīn-yuèyì		新，更新；异，不同。每天都在更新，每月都有变化。指发展或进步迅速，不断出现新事物。
16	得不偿失	débùchángshī		所得的利益补偿不了所受的损失。
17	理直气壮	lǐzhí-qìzhuàng		理直，理由正确、充分；气壮，气势强。理由充分，因此说话、做事有气势。
18	得天独厚	détiāndúhòu		具备的条件特别优越，所处的环境特别好。

第 7 课　数字时代的代沟

83

A 听录音，用简单的话回答问题。 7-2

1. 张丽为什么现在还没吃饭？
2. 老人为什么不得不努力学习使用智能设备？
3. 张丽和林晓雅的父母学会用手机上网以后，分别出现了什么问题？
4. 父母认为孩子抱着电脑就是玩，孩子们说他们在做什么？
5. 张丽认为，在用电脑、网络学习新知识时，孩子和大人谁更有优势？
6. 对于数字时代的教育问题，最后她们两人想从哪儿找解决办法？

B 朗读对话，注意语音语调。 7-2

（下午六点左右，林晓雅在小区里遇到了邻居张丽。）

林晓雅：亲爱的，吃饭了吗？

张丽：别提了，刚才在家折腾了半天，现在才有时间出来买菜。

林晓雅：啊？怎么回事啊？

张丽：我儿子不写作业，一直抱着电脑，不知道在忙什么。好不容易让他放下电脑了，我妈又来问怎么用手机给机票选座，手把手地教了半天，也没太学会。

林晓雅：我们家也一样。手机、电脑这些智能设备，孩子玩得比谁都熟练，甚至都产生依赖了。可是对我父母来说，这些设备操作起来还是太复杂，学起来很吃力，而且功能日新月异，老人觉得自己得不停地重新折腾。

张丽：可不是嘛！家里那个小的用得上瘾，放都放不下；老的本来不想学，结果发现买个菜都要扫码付钱，看个病都要网上挂号，只好努力学着掌握数字时代的生活技能，免得事事依赖儿女。

林晓雅：不过，话又说回来，老人真的习惯了上网也麻烦。本来我觉得他们学会用手机上网，既解决了生活难题，又丰富了生活，一举两得，结果我爸妈刚学会刷朋友圈这样的简单操作，就已经上瘾了，天天看各种无聊的甚至虚假的信息。我说的话他们不信，网上随便什么他们都信。本想着一举两得，结果却是得不偿失。

张丽：老人在网络世界真是格外需要辨别能力。我爸妈只会用手机聊天儿和网购，看见价格便宜、图片漂亮就买，买了质量差的东西又不会退货。不知道劝了他们多少次了。

林晓雅：劝他们得特别耐心！感觉自从爸妈开始天天刷手机，跟他们的代沟反而加深了，更需要耐心沟通了。

张丽：以后说不定还得跟监控孩子一样，监控爸妈上网，免得出了问题以后再沟通就来不及了。唉，真是一点儿也不省心，我们太累了！

林晓雅：是啊，管完这个管那个……管爸妈的时候，他们至少还口头上答应、敷衍咱们两句。可管孩子的时候，他们就直接嫌我们"不懂"。我儿子就常常理直气壮地跟我强调，他抱着手机、电脑不是在玩，是在学习呢。那天他跟我说了一个什么名词，他在学什么CAD，我听都没听说过……

张丽： 难怪孩子嫌我们不懂。以前，大人看电视看书，孩子也看电视看书，大人一般还是更有知识和经验，比较有权威。而现在这个数字时代，孩子想从网上获取信息和知识，太容易也太方便了。他们又是抱着智能设备长大的，有得天独厚的环境和条件，通过手机、电脑学点儿什么，当然比我们快得多。有时候我想，孩子看我们的眼光，是不是就跟我们看父母一样？

林晓雅： 所以咱们只能紧跟时代，努力学习，免得技术进步放大两代人的不同和差距。另外，咱们也得反思，是不是应该改变观念。比如，试着理解孩子，不要总怕电脑、手机影响他们看书、学习，索性放手让孩子随便用智能设备上网学习吧，这说不定就是数字时代教育的趋势。

张丽： 我本来只信得过传统教育方式，你这么一说，我也没把握了。

林晓雅： 要不我们干脆上网搜搜专家和其他父母有没有什么好建议？

张丽： 好主意！紧跟时代，上网找答案，我得给你"点个赞"。

C 词语练习

折腾　操作　日新月异　智能设备

1. 在数字时代，老年人如果不会使用_____和网络，可能生活中会有很多不便。_____手机、电脑对于老人来说可能有些复杂，而且这些设备的发展_____，老人经常要重新适应新变化，也会觉得太_____。作为子女，我们不应该嫌他们跟不上时代，应该耐心地手把手帮助他们学习。

监控　虚假　辨别　得不偿失

2. 老年人每天刷手机，可能因为_____能力不足，上网经验不够，比年轻人更容易被_____信息和广告影响，造成经济上的损失。所以上网虽然可以丰富老年人的生活，但是一旦上当受骗，对他们来说就是_____。国家和社会应关注老年人的生活、情感需求，按照法律规定_____好针对老年人的网络信息。

> 代沟　索性　免得　理直气壮

3. 在学习方式上，很多家长和孩子之间存在＿＿＿＿＿＿。一些父母只信得过传统的学习方式，所以常常限制孩子上网，甚至＿＿＿＿＿＿禁止孩子使用网络，＿＿＿＿＿＿影响孩子学习。而孩子则习惯于上网寻找信息和知识，总是＿＿＿＿＿＿地抱着电脑或手机用个不停。

> 技能　权威　反思　得天独厚

4. 在数字时代，知识的获取不再只依赖书本。在利用电脑和网络获得信息、学习知识方面，从小抱着电脑长大的青少年有着＿＿＿＿＿＿的优势，这就对成年人的＿＿＿＿＿＿提出了挑战。一些父母和教师努力提高自己的网络学习或教学＿＿＿＿＿＿，也开始＿＿＿＿＿＿传统学习方式的不足。

D 根据对话内容回答下列问题，注意加点词语的用法。

1. 对于老人来说，为什么学习使用智能设备可能很折腾？
2. 为什么林晓雅认为父母学会使用手机和网络，本来希望一举两得，最后却是得不偿失？
3. 她们为什么觉得可能需要监控老人上网？
4. 与父母口头答应、敷衍的态度不同，如果她们劝孩子不要总抱着手机、电脑，孩子的态度是怎样的？
5. 孩子们为什么能理直气壮地使用手机和电脑？
6. "技术进步放大两代人的不同和差距"，这句话你怎么理解？
7. 林晓雅觉得她们应该反思什么？张丽同意吗？

E 两人一组，用指定的词语回答问题。

1. 老年人使用智能设备和网络，可能会遇到哪些困难？（操作，日新月异，折腾）

    不会操作；难以操作；操作复杂；操作不熟练
    技术日新月异；功能日新月异；设备日新月异；日新月异的变化
    反复折腾；不停地折腾；重新折腾一遍

2. 使用智能设备和网络时，需要注意什么？（虚假，辨别，监控）

    虚假信息；虚假新闻；虚假广告；虚假宣传
    辨别真假；辨别信息真伪；辨别虚假信息；辨别能力
    自我监控；监控上网时间；监控未成年人上网

3. 数字时代，孩子能够很容易地通过网络获取知识，家长的权威受到了挑战。对此，家长可以怎样做？（技能，反思，眼光）

    提高技能；学习技能；掌握技能；网络技能
    反思自身；注意反思；反思自己的思想观念
    新的眼光；客观的眼光；长远的眼光；发展的眼光；不用老眼光看……

F 两人一组，根据对话内容，借助结构图和小词库成段表达。

↘ 子女与老人的代沟

- 在数字时代，生活中的方方面面都需要智能设备和网络。老人……
- 子女手把手地教，但是……
- 老人好不容易学会使用智能设备，却……
- 要想解决这个问题，……

小词库

不便　技能　免得　依赖
操作　折腾　日新月异
上瘾　辨别　虚假　得不偿失
耐心　劝　沟通　监控　反思

↘ 家长与孩子的代沟

- 在数字时代，孩子们从小……，因此……
- 然而家长们更信得过……，担心……
- 孩子们却……
- 要想解决这个问题，……

小词库

得天独厚　优势　权威
上瘾　影响　限制　禁止
嫌　理直气壮
监控　技能　观念　眼光　反思　索性

》拓展

词语表　🔊 7-3

1	落伍	luòwǔ	动	落在队伍后面，比喻人或事物跟不上时代。思想很落伍；做法很落伍
2	编程	biānchéng	动	给计算机编设程序。
3	壁垒	bìlěi	名	古时军营的围墙，泛指防御工事，现在多用来比喻事物的界限或限制。
4	货币	huòbì	名	钱。
5	支付	zhīfù	动	交钱。
6	淘汰	táotài	动	去掉坏的，留下好的。淘汰落后的技术；淘汰一支球队
7	牌子	páizi	名	用木板或其他材料做的标志，上边有文字或图片。
8	焦急	jiāojí	形	非常着急。感到焦急；焦急的心情

A 做数字时代的好父母

➘ 关于数字时代的教育问题,请听录音,完成下面的练习。 🔊 7-4

1. 听第一和第二段录音,完成表格。

父母的感受和想法	孩子的想法
1.	1.
2.	2.
3.	3.
4.	

2. 听第三段录音,完成表格。

当今社会的情况和特点	专家认为限制孩子上网有用吗?	专家的建议
		最好的做法就是(　　　　)。 父母应该: 1. 2. 3.

3. 四人一组,参考下图,结合第三段录音,总结"如何做数字时代的好父母"。

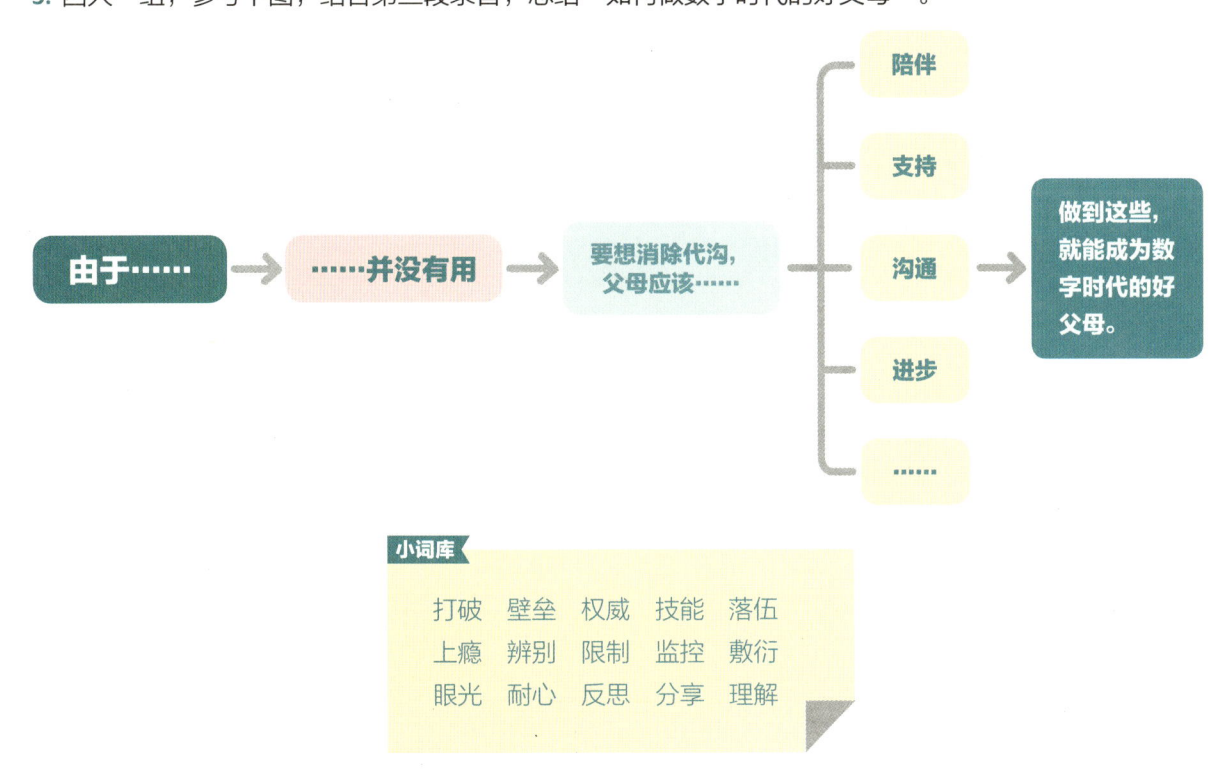

由于…… → ……并没有用 → 要想消除代沟,父母应该…… → 陪伴 / 支持 / 沟通 / 进步 / …… → 做到这些,就能成为数字时代的好父母。

小词库

打破　壁垒　权威　技能　落伍
上瘾　辨别　限制　监控　敷衍
眼光　耐心　反思　分享　理解

B 技术不应加深代沟

货币和支付方式的发展变化就是一个淘汰的过程。纸币淘汰了沉重的金属货币，刷卡一定程度上减少了现金支付，而现在，使用智能设备进行移动支付则几乎淘汰了现金支付。然而，也有人强调，如果科技进步不能让所有人都公平地享受它带来的方便，甚至给一些人带来了生活上的不便，那么科技进步就是得不偿失。例如，很多老年人不会使用智能手机，生活中遇到不少麻烦。这就像用智能手机划出了一道数字时代的代沟，让老年人和年轻人站在了深沟的两边。

王大爷刚从老家来到上海照顾孙子。本以为大城市一切都很方便，没想到第一天出去买菜，就发现卖家面前都有一块牌子，上面是自己看不懂的图，还写着"扫码支付"。王大爷拿出钱来，卖家却说："不能手机支付吗？我这儿现金不多，您这100块钱我也没零钱找给您啊。"最后，王大爷折腾了好几家才终于买到了菜。他真不明白，现在怎么还不如没有手机的时代方便？

前不久，一位大学生亲手给父母画了26页的网购说明书，详细说明了如何在网站上搜索商品、浏览商品说明，以及手机支付如何操作，终于让父母也能像年轻人一样自由地网购了。他还在画中写道："亲爱的爸爸妈妈，儿子不能陪伴在你们身边，但是希望这些图能缓解二老在这个日新月异的时代焦急的心情……"这组图片感动了万千网友，很多人都在朋友圈里转发了关于这个年轻人的文章。有一位网友还评论道："小时候，是父母教我们学说话、学走路，现在我们也有责任帮他们跟上时代，不要让他们感到自己落伍了。"

➥ 根据上面的三段话，参考下图，总结"数字时代，代沟的加深与消除"。

- 数字时代的趋势
- 技术进步加深了两代人的代沟（王大爷的例子）
- 如何消除数字时代的代沟？（一位大学生的做法）
- 这位大学生的做法为何值得我们学习？

小词库

支付　淘汰　扫　二维码
操作　折腾　落伍　公平　享受　不便　日新月异　得不偿失
刷　搜索　浏览　缓解　焦急　心情

➥ 四人一组，说一说：关于使用智能设备和网络，你的父母或其他长辈在哪些方面需要帮助？你应该如何帮助他们？国家和社会应该提供哪些支持？

i PRODUCE

≫ 完成任务

任务支持

下表中是本课学习的词语，供你在完成任务时选用。

我的表达需要	我的表达工具
设备和技术	智能设备　操作　技能　编程　支付　淘汰　日新月异
数字时代的代沟问题	嫌　上瘾　打破　权威　壁垒　理直气壮　得天独厚 折腾　虚假　辨别　代沟　监控　敷衍　落伍　焦急　得不偿失
解决数字时代的代沟问题	眼光　反思　理解　耐心　沟通　陪伴　缓解
提醒和建议	免得　索性

任务选择

任务一 角色扮演

2人一组，选择一组角色进行扮演。

1. 只信得过传统学习方式，不放心让孩子随意上网的家长和喜欢用网络学习的孩子。
2. 觉得使用智能设备太吃力的老人和希望自己的父母跟上时代的子女。

任务二 "消除代沟"互助会

4—6人一组，举办一个"消除代沟"主题的互助交流会。每人说出自己的苦恼，大家互提建议，互相鼓励，共同解决问题。

▶ 发言准备

从以下两个方面准备发言内容，并填写下表。

1. 想一想你要向大家说什么，其他人可能会如何回应、附和或提出建议。
2. 想一想其他人可能会说什么，你该如何回应、附和或提出建议。

我要说的	其他人可能会这样回应、附和或建议
例如：我父母一点儿辨别能力也没有，网上的什么信息都信。	例如：可不是！我爸妈也这样。

第 7 课　数字时代的代沟

其他人可能会说的	我可以这样回应、附和或建议
例如：我让孩子放下电脑认真看书，孩子反而说我的学习方法和观念都落伍了。	例如：也许我们也应该反思一下……

任务三　圆桌会议

你受邀出席一个研讨会，话题是"数字时代，代沟是否会加深"。请你就这个话题发表意见，并对别人的发言做出回应。

>> 评价

你觉得你的同伴表现得怎么样？请为他／她的表现评出相应的等级。

评价项目	评价等级				
他／她很会用新学的词语	A	B	C	D	E
他／她说的话结构很清楚	A	B	C	D	E
他／她会用过渡句	A	B	C	D	E
他／她说的内容很丰富	A	B	C	D	E
他／她说得很流利	A	B	C	D	E
他／她的话我都听懂了	A	B	C	D	E

第 8 课 >>
要不要整容？

i PREPARE

》热身

现在,有不少女性通过整容的方式来追求美。对这一做法,有人赞成,有人反对。下面请观看一段有关整容的电视节目视频。

牛刀小试

A 多人活动

1. 对于整容,你是赞成还是反对?请做出你的选择。
2. 在班里找到与你选择相同的两至三人,组成一组,共同讨论,至少给出三个理由,并把关键词填写在下表中。

观点	理由
赞成□ 反对□	1. 2. 3.

B 结果展示

以小组为单位,把讨论的结果向全班简要汇报。

学习目标

通过本课的学习,你将能够:

1. 理解和使用与"外貌"有关的词语。
2. 分析人们整容的原因及整容带来的好处和问题。
3. 表达自己对整容的看法和建议。

i EXPLORE

对话

词语表 8-1

#	词	拼音	词性	释义
1	双眼皮	shuāngyǎnpí	名	上面有一道浅沟的上眼皮。
2	整容	zhěngróng	动	给脸部有缺点或问题的人做手术，使变得美观。
3	慎重	shènzhòng	形	谨慎认真。慎重考虑；选择要慎重
4	风险	fēngxiǎn	名	可能发生的危险。整容失败的风险
5	正规	zhèngguī	形	符合正式规定的或一般公认标准的。正规医院
6	征求	zhēngqiú	动	书面或口头询问。征求意见
7	欺骗	qīpiàn	动	说假话，故意不说真实的情况。
8	长相	zhǎngxiàng	名	人的容貌。
9	差别	chābié	名	形式或内容上的不同。差别很大
10	注重	zhùzhòng	动	重视。注重长相
11	外貌	wàimào	名	人或物外表的样子。
12	资本	zīběn	名	比喻获取利益的凭借。
13	固然	gùrán	连	表示承认某个事实，引起下文转折。固然……，但是……
14	气质	qìzhì	名	一个人在行为举止、待人接物等方面所表现出来的风格。
15	修养	xiūyǎng	名	指理论、知识、艺术、思想等方面的水平。
16	瞎说	xiāshuō	动	没有根据地乱说。
17	挑剔	tiāoti	动	过分严格地在细节上找毛病。很挑剔
18	保守	bǎoshǒu	形	（思想、观念等）跟不上发展、变化。思想保守
19	凋谢	diāoxiè	动	（草木花叶）脱落。花儿凋谢
20	心血来潮	xīnxuè-láicháo		形容突然产生某种想法。
21	先斩后奏	xiānzhǎn-hòuzòu		比喻自己先把问题处理了，然后才报告上级或尊长。
22	爱美之心人皆有之	ài měi zhī xīn rén jiē yǒu zhī		人人都喜欢美的事物。
23	无可厚非	wúkěhòufēi		不可过分批评。表示虽有缺点，但是可以原谅。
24	一如既往	yìrú-jìwǎng		完全跟过去一样。
25	以貌取人	yǐmào-qǔrén		只根据外貌来判断人的品质和能力。
26	郎才女貌	lángcái-nǚmào		男的才能出众，女的外貌出色，形容男女双方非常相配。
27	三思而后行	sānsī ér hòu xíng		仔细思考以后再行动。

第 8 课 要不要整容？

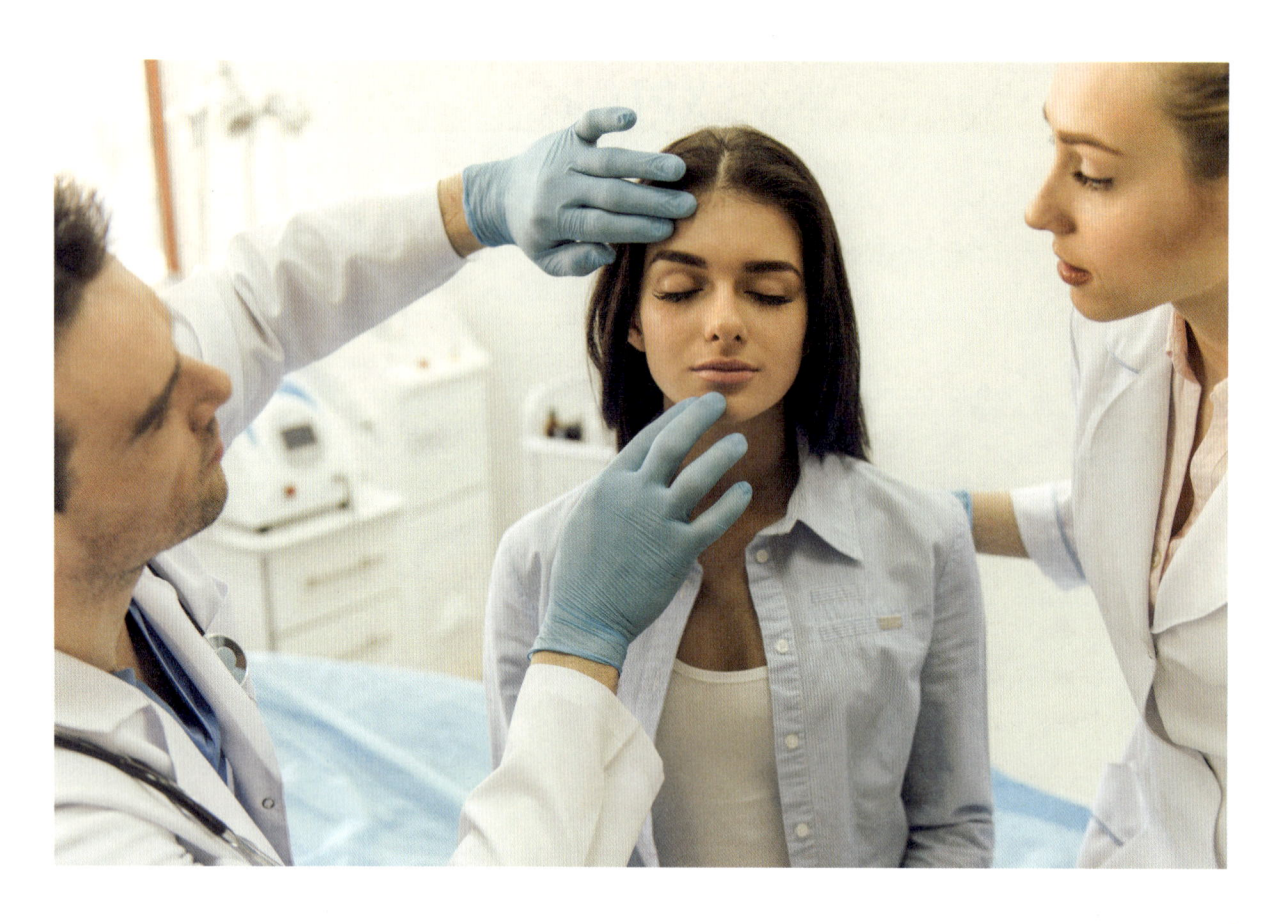

A 听录音，用简单的话回答问题。 8-2

1. 丁思思是怎么想到要做双眼皮的？
2. 她为什么到现在还没有下决心？
3. 她觉得父母会同意她做双眼皮吗？
4. 对于要不要征求父母的意见，两个室友的建议是什么？
5. 丁思思觉得如果自己变漂亮了，可能有什么好处？

B 朗读对话，注意语音语调。 8-2

（丁思思和室友们在宿舍。）

丁思思： 哎，我想做个双眼皮，你们觉得怎么样？

田梦： 思思，你怎么心血来潮，突然想起来做双眼皮啦？

丁思思： 我真不是心血来潮。自从上学期看见 2 班的马莎做了，效果挺好的，我就想做了，不过一直下不了决心。

周古真：整容这事还是得慎重，这是有风险的。万一手术失败了怎么办？

丁思思：我也是担心这个。虽然现在技术比较成熟，但确实也听说过一些事故。

田梦：要不你去问问马莎，她是在哪儿做的？我觉得只要是正规的医院就行。让医生好好给你设计设计，应该没什么大问题。

周古真：话可不能这么说，在脸上动刀可不是小事。对了，你征求你爸妈的意见了吗？

丁思思：没有，我一直在犹豫，怕万一他们不同意，我就做不了了。

田梦：要是你觉得他们会反对，干脆先斩后奏。你现在就做，做完变得美美的，假期回家给他们一个惊喜。

周古真：田梦，你别瞎说了，整容这么大的事怎么能不跟家里打招呼呢？话说回来，思思，你这眼睛小是小了点儿，但是一点儿也不难看啊，挺精神的，干吗非做双眼皮不可呢？

丁思思：那是你看习惯了，我就觉得自己的眼睛不好看。再说，要是我做了双眼皮，变漂亮了，可能找工作也会容易一些。

田梦：没错，现在的社会还是挺"看脸"的，长得漂亮机会可能会更多。不光找工作，找对象也是。要是你漂亮，就更容易找到条件好的男朋友。

周古真：条件好的人都挑剔着呢。整得漂亮不是真的漂亮，要是人家觉得整容是一种欺骗，不接受思思整过容这件事怎么办？他们可能还会担心将来孩子的长相呢。

第 8 课 要不要整容？

97

田梦：爱美之心人皆有之，这无可厚非。现在的男人思想应该不会这么保守吧？

周古真：那可不一定。就拿你来说吧，如果你知道你的男朋友整过容，再一看他整容前的照片，发现差别特别大，你还会喜欢他吗？

田梦：当然啦！如果我们真的有了感情，他人很好，我还是会一如既往喜欢他呀！

周古真：那也就是说，你承认不能以貌取人，人好比长得好更重要了，对吧？既然长相不是最重要的，为什么非得整容呢？自然的才是最好的。

田梦：古真，话不能这么说。如果我第一次见一个人，不喜欢他的长相，根本就不会跟他交往，所以说长相还是很重要的。而且你别忘了，男人和女人不同。俗话说"郎才女貌"，自古以来人们都是很注重女人的外貌的，漂亮就是一种资本。

周古真：外貌固然重要，但是你也别忘了，再美的花也有凋谢的一天。我始终认为一个人的气质和修养更重要。思思，我觉得你现在挺好的，不用整。整容这个事啊，我劝你还是三思而后行。

丁思思：嗯，我觉得你们俩说得都有道理。唉，双眼皮我到底做还是不做呢？这真是个问题。

C 词语练习

> 固然　气质　修养　资本　爱美之心人皆有之

1. 一些女孩子认为漂亮是一种_____，不仅有利于找到好工作，而且还有助于找到男朋友，所以她们会通过整容把自己变漂亮。每个人都喜欢美的事物，所谓"_____"，这无可厚非，但是我们不能因此忽视了内在的_____和_____。外貌_____重要，但更重要的是一个人的心灵。

整容　外貌　双眼皮　以貌取人

2. 有些人认为现在的社会是一个_____的社会，外貌对一个人来说很重要，所以他们选择通过_____来改变自己的_____。例如，为了让眼睛显得更大、更美，很多女孩子选择做_____。这是一个技术很成熟的手术，大部分人做完效果都不错。

征求　正规　慎重　风险　心血来潮

3. 整容手术毕竟有_____，有的人没有去_____的医院，导致手术失败，留下终生的遗憾。所以，整容一定要_____，千万不要一时冲动、_____，最好_____家人的意见以后再做决定。

D 根据对话内容回答下列问题，注意加点词语的用法。

1. 丁思思为什么说想做整容手术不是心血来潮？
2. 田梦说"现在的社会还是挺'看脸'的"是什么意思？
3. 周古真认为整过容在找对象时可能会有什么问题？
4. 如果田梦发现男朋友整过容，而且整容前后差别很大，她会怎样做？
5. 田梦找对象时会特别注重对方的外貌吗？
6. 在周古真看来，外貌固然重要，但是什么更重要？
7. 为什么说整容要"三思而后行"？

E 两人一组，用指定的词语回答问题。

1. 丁思思为什么想整容？（注重，外貌，双眼皮）

   注重外貌；注重长相；比较注重
   对外貌不满意；注重外貌；改变外貌；漂亮的外貌
   拥有双眼皮；漂亮的双眼皮；双眼皮手术

2. 丁思思还没有做整容手术的原因是什么？（风险，慎重，征求）

   有风险；风险高；风险大；手术的风险；失败的风险
   整容要慎重；慎重做决定；慎重考虑
   征求父母的意见/建议；征求家人的意见/建议

3. 在当今社会，长得漂亮有什么好处？（以貌取人，长相，资本）

   以貌取人的社会；很多人都以貌取人
   注重长相；长相漂亮；长相难看
   找到好工作的资本；找到好对象的资本

4. 整容能改变什么？改变不了什么？（外貌，气质，修养）

> 改变外貌；漂亮的外貌；难看的外貌
> 优雅的气质；美好的气质；独特的气质
> 内在修养；个人修养；学识修养；缺乏修养

F 赞成和反对整容的理由

1. 两人一组，先找出对话中赞成整容的理由，再补充其他理由，在下面填写关键词。然后找一个新同伴，互相介绍刚才总结出的理由，如果听到新的理由可以继续补充、填写。
2. 按照上面的方法总结、补充反对整容的理由。

赞成整容的理由	反对整容的理由
1.	1.
2.	2.
3.	3.

G 角色扮演："要不要整容？"

三至四人一组，一人扮演想整容的人，其他人分别扮演支持者和反对者。请尽量使用小词库中的词语。用了哪个，请画"√"。

小词库

双眼皮　整容　长相　外貌
漂亮　自信　机会　正规　注重　资本　无可厚非　以貌取人　郎才女貌　爱美之心人皆有之
慎重　风险　征求　欺骗　差别　固然　气质　修养　心血来潮　三思而后行

拓展

词语表 8-3

1	内涵	nèihán	名	内在的修养。
2	才华	cáihuá	名	表现出来的才能（多指文艺方面）。才华出众
3	从众	cóngzhòng	动	按照多数人的意见或者流行的做法去做事。从众心理
4	自卑	zìbēi	形	轻视自己，认为自己比别人差。自卑心理；感到自卑

5	代价	dàijià	名	为达到某种目的而耗费的物质或精力。付出代价
6	事业	shìyè	名	人所从事的具有一定目标、规模而对社会发展有影响的工作或活动。教育事业；有事业心
7	强势	qiángshì	形	以自我为中心，用自己的意愿来强迫别人做事。说话很强势；性格很强势
8	外表	wàibiǎo	名	长相，外貌。美丽的外表
9	见世面	jiàn shìmiàn		在外经历各种事情，熟悉各种情况。
10	打击	dǎjī	动	使受挫折。受到打击
11	土气	tǔqì	形	不时髦，过时。打扮得很土气
12	诊所	zhěnsuǒ	名	私人开的给病人看病的地方，规模比医院小。
13	垫	diàn	动	在下面放东西，使加高、加厚。垫高鼻子
14	对称	duìchèn	形	指图形或物体对某个点、直线或平面而言，在大小、形状和排列上有一一对应的关系。左右对称；上下对称；不对称
15	成瘾	chéng yǐn		成为一种习惯（一般带贬义）。整容成瘾

第 8 课 要不要整容？

101

A 长得好看重要吗？

意大利的一所大学做了一个调查实验。研究人员虚构了 11,000 份简历，附上了一些照片。一些照片是比较好看的，另一些照片是不太好看的。结果，在所谓的不太好看的人中，只有 7% 的人获得了面试机会；在所谓的比较好看的人中，有 54% 的人获得了面试机会。

还有一首中国歌曲，名字叫《还不是因为你长得不好看》，里面有这样一段歌词：

你以为他很注重姑娘是否有内涵吗？不，你错了，他只喜欢姑娘很好看。
你以为他很在意姑娘是否会做饭吗？不，你错了，他只喜欢姑娘很好看。
你以为他很欣赏姑娘是否有才华吗？不，你错了，他只喜欢姑娘很好看。
你以为你喜欢他了他就会喜欢你吗？不，你错了，他不喜欢，除非你长得好看。

➥ 两人一组，参考下图，总结上文的内容。

这两个例子说明了……的重要性。

- 实验证明，……对……影响很大。……的人会获得……。
- 歌曲反映了一个社会现实：……时，很多男孩儿认为，女孩儿长得好看比……重要。

↘ 四至五人一组，做一个小调查。

1. 每人填写下面的调查表，每组组长逐题统计组内选择每个选项的男女生人数，向老师汇报。

你的性别：男☐ 女☐		
你认为，找对象时，对方什么更重要？		
1	长得好看☐	有内涵☐
2	长得好看☐	会做饭☐
3	长得好看☐	有才华☐
4	长得好看☐	有　钱☐
5	长得好看☐	性格好☐

2. 在老师的带领下统计全班情况，填写下面的表格，并分析结果。

	男生		女生	
长得好看更重要：（　）人 有内涵更重要：（　）人	☐更多人认为＿＿＿更重要。 ☐选择两个选项的人数一样多。		长得好看更重要：（　）人 有内涵更重要：（　）人	☐更多人认为＿＿＿更重要。 ☐选择两个选项的人数一样多。
长得好看更重要：（　）人 会做饭更重要：（　）人	☐更多人认为＿＿＿更重要。 ☐选择两个选项的人数一样多。		长得好看更重要：（　）人 会做饭更重要：（　）人	☐更多人认为＿＿＿更重要。 ☐选择两个选项的人数一样多。
长得好看更重要：（　）人 有才华更重要：（　）人	☐更多人认为＿＿＿更重要。 ☐选择两个选项的人数一样多。		长得好看更重要：（　）人 有才华更重要：（　）人	☐更多人认为＿＿＿更重要。 ☐选择两个选项的人数一样多。
长得好看更重要：（　）人 有钱更重要：（　）人	☐更多人认为＿＿＿更重要。 ☐选择两个选项的人数一样多。		长得好看更重要：（　）人 有钱更重要：（　）人	☐更多人认为＿＿＿更重要。 ☐选择两个选项的人数一样多。
长得好看更重要：（　）人 性格好更重要：（　）人	☐更多人认为＿＿＿更重要。 ☐选择两个选项的人数一样多。		长得好看更重要：（　）人 性格好更重要：（　）人	☐更多人认为＿＿＿更重要。 ☐选择两个选项的人数一样多。

↘ 三至四人一组，从下面的问题中选择一个进行讨论。请尽量使用小词库中的词语。用了哪个，请画"√"。

1. 外貌是否好看直接影响到人们的工作和生活，长得好看的人会有很多优势。你会因此去整容吗？
2. 你会跟整过容的人谈恋爱吗？
3. 当你知道你的女朋友／男朋友整过容，你会跟她／他分手吗？

4. 你的女朋友／男朋友想去整容，你会支持她／他吗？

> **小词库**
>
> 长相　外貌　机会　资本　差别　气质　修养　风险
> 漂亮　自信　注重　欺骗　固然
> 无可厚非　一如既往　以貌取人　爱美之心人皆有之

B 整容原因面面观

➥ 关于"为什么要整容"这一问题，记者采访了几位受访者。听录音，根据听到的内容，在表格中选择符合每个人情况的选项，请画"√"。 🔊 8-4

	个人情况			整容原因				
	打工妹	大学生	高级白领	从众心理	自卑心理	恋爱婚姻	社会竞争	对外貌不满意
受访者 1								
受访者 2								
受访者 3								

➥ 三至四人一组，假设你们是电视台的一个节目组，刚刚对上面三个人进行了采访，现在要做一个现场报道。参考下图，分析总结她们整容的原因，阐述你们的看法和观点。请尽量使用小词库中的词语。用了哪个，请画"√"。

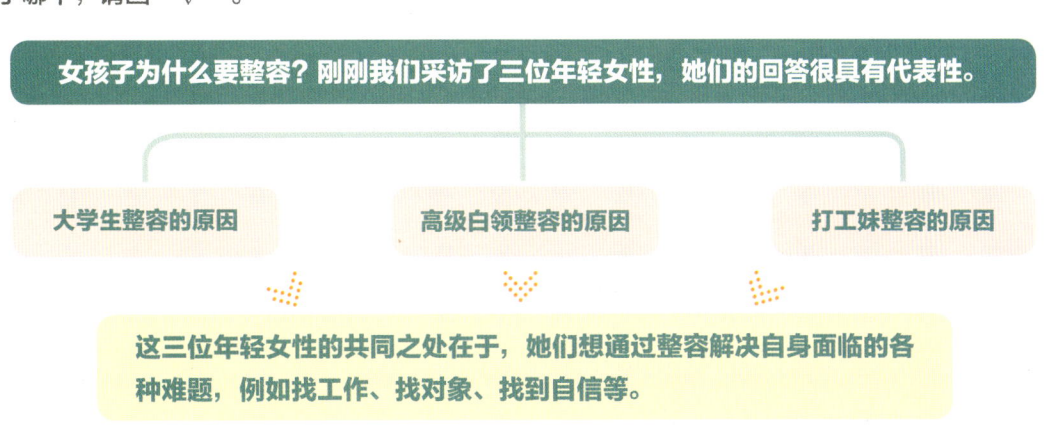

> 女孩子为什么要整容？刚刚我们采访了三位年轻女性，她们的回答很具有代表性。

- 大学生整容的原因
- 高级白领整容的原因
- 打工妹整容的原因

> 这三位年轻女性的共同之处在于，她们想通过整容解决自身面临的各种难题，例如找工作、找对象、找到自信等。

> 你们的看法、观点

> **小词库**
>
> 长相　外貌　外表　性格　气质　修养　内涵　才华　女人味　资本
> 漂亮　时髦　强势　土气　自信　自卑　公平
> 注重　羡慕　改变
> 无可厚非　以貌取人　爱美之心人皆有之
> 固然……，但是……　拿……来说　不光……，也……

第 8 课　要不要整容？

103

↘ 三至四人一组，说一说：在你们国家人们为什么要整容？除了前面提到的原因，还有其他原因吗？

↘ 三至四人一组，阅读下面的材料，说一说：如果你是家长，你会为孩子整容提供精神和物质支持吗？请尽量使用小词库中的词语。用了哪个，请画"√"。

> 最近支持儿女在大学期间整容的中国父母越来越多。不少"70后"父母积极为孩子的"求美"行为提供精神和物质支持，还有一些父母把整容当作给孩子的开学礼物。上海的钱女士就是其中一位。她是这样说的："现在大学毕业想找个好工作很难，对女孩子来说更难，因为同等条件下，有的公司或职位更愿意招男孩儿。虽然我一直告诉我女儿，一个人最重要的是要有好的性格和能力，但我知道在现在的社会，找工作时外貌绝对是一个重要条件。如果别的父母已经为女儿的外貌投资了，我也得为我女儿做点儿什么。"其实，这是一种从众心理，看到别人这么做，自己也就跟着做了。

小词库

长相　外貌　外表　性格　气质　修养　能力
公平　竞争　激烈　机会　注重　资本　投资
改变　自信
无可厚非　以貌取人　爱美之心人皆有之
固然……，但是……　拿……来说　不光……，也……

C 整容问题面面观

> 我那时候年纪小不懂事，以为做双眼皮和垫鼻子都是小手术，找的不是正规的大医院，结果手术后双眼皮不对称，一只是双眼皮，另一只是三眼皮。鼻子也做歪了，非常明显，肉眼就可以看出来。

> 她在两年时间内做了二十多次整形，花了七八十万。做了下巴以后又觉得鼻子不对，然后又做了鼻子；鼻子垫高了以后又觉得眼睛小了，然后又开始做双眼皮；后来又觉得鼻子做得太高了，下巴也想再缩短一点儿。开始她在国内做，后来又去韩国做。虽然她觉得现在的自己是宇宙最美，可别人还是觉得整容前的她比较漂亮。

> 根据对某大学学生贷款情况的调查，有30%的贷款被用于整容。大三学生小佳花了三千元去做双眼皮手术，她怕家人不同意，没有告诉家里，手术费是她从网络平台贷款支付的。为了还贷，她先后又从十多家网贷平台贷款。就这样，钱越欠越多，一年以后，她的债务变成了一万多。

⬇ 两人一组，说一说上面三段话分别反映了整容带来的什么问题。

⬇ 针对整容带来的问题，一些专家给出了建议。两人一组，说一说以下建议分别针对哪个问题。

- 应该理性消费
- 应该认识到是手术就会有风险，要选择正规医院
- 应该学会接受不完美的自己

⬇ 三人一组，假设你们要做三个宣传片，提醒想整容的大学生在整容前要做好心理准备。宣传片的主题是"整容前你想清楚了吗？"。每人负责一个宣传片，使用上面的一个例子和建议，参考下图讲一段话。请尽量使用小词库中的词语。用了哪个，请画"√"。

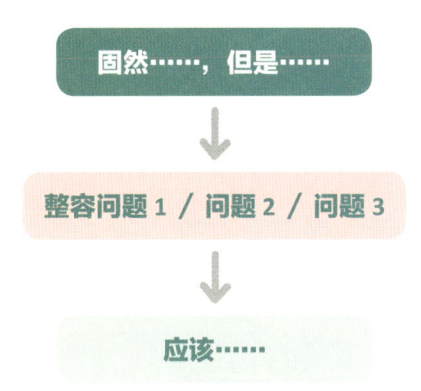

固然……，但是……
↓
整容问题 1 / 问题 2 / 问题 3
↓
应该……

小词库

改变　长相　外貌　外表　自信　效果　风险　代价　成瘾　慎重
爱美之心人皆有之　心血来潮　三思而后行

⬇ 三至四人一组，说一说：除了以上三个问题，整容还会带来什么其他问题？针对这些问题，你们的建议是什么？

i PRODUCE

>> 完成任务

任务支持

下表中是本课学习的词语，供你在完成任务时选用。

我的表达需要	我的表达工具
整容的原因	注重 长相 外貌 外表 资本 从众 自卑 强势 土气 打击 心血来潮 以貌取人 郎才女貌 爱美之心人皆有之
不整容的原因	气质 修养 内涵 才华
整容手术	双眼皮 整容 垫
整容的问题	风险 欺骗 差别 代价 对称 成瘾
对整容的建议	慎重 正规 诊所 征求 固然……，但是…… 无可厚非 三思而后行

任务选择

任务一 我是演说家

每人以"整容问题之我见"为题做一个演讲，内容包括整容的原因、利弊等，表明自己的态度（支持/反对/既不支持，也不反对），并说明理由。

任务二 实地调查

以小组为单位，调查当今年轻人对于整容的看法，分析外貌对于年轻人恋爱、工作的影响。做一个PPT向全班展示、汇报。

任务三 课堂辩论

[正方] 赞成整容
[反方] 反对整容

根据不同观点，分正反方进行课堂辩论（每场辩论6—8人，每组辩手3—4人）。在辩论中，不但要清晰地表达、证明自己的观点，而且能够反驳对方的观点。

▶ 辩论准备

讨论并整理对方的观点和证明方法，再看看可以从哪些角度进行反驳，把讨论内容填写在下表中。

我们的观点是：	
对方的观点是：	
对方很可能从这些角度证明观点	我们可以这样反驳
例如：整容后可以获得更好的工作机会。	例如：如果整容失败了，更不好找工作。

>> 评价

你觉得你的同伴表现得怎么样？哪些地方他／她做得很好？请画"√"，并简单说明。

☐ 1. 他／她很会用新学的词语，比如说：＿＿＿＿＿＿＿＿＿＿＿＿＿＿＿＿＿＿＿＿

☐ 2. 他／她说的话结构很清楚，基本结构是：＿＿＿＿＿＿＿＿＿＿＿＿＿＿＿＿＿＿

☐ 3. 他／她的表达使用了过渡句，比如说：＿＿＿＿＿＿＿＿＿＿＿＿＿＿＿＿＿＿

☐ 4. 他／她说的内容很丰富，包括以下几个方面：＿＿＿＿＿＿＿＿＿＿＿＿＿＿＿

第**9**课 >>

买套房子好安家

i PREPARE

>> 热身

近二十年来，中国的商品房市场从无到有，越来越火爆。很多老百姓希望拥有属于自己的房子，但同时买房也带来了很大的经济压力。关于这个问题，电视台录制了一期节目，请观看视频。

牛刀小试

A 双人活动

两人一组，说一说买房和租房两种居住方式的优缺点，把关键词填写在下表中。

	优点	缺点
买房		
租房		

B 结果展示

以小组为单位，把讨论的结果向全班简要汇报。

学习目标

通过本课的学习，你将能够：

1. 理解和使用与"买房"有关的词语。
2. 分析买房和租房两种居住方式的利与弊，并给当代人提出建议。
3. 了解中国人买房的历史原因和社会原因。

i EXPLORE

对话

词语表 9-1

#	词语	拼音	词性	释义
1	首付	shǒufù	名	贷款时按比例第一次支付的钱款。交首付
2	踏实	tāshi	形	内心安定、安稳。感到踏实
3	寄居	jìjū	动	在外地或别人家居住。寄居他乡；寄居在……
4	月供	yuègōng	名	贷款时，在还款期间每月向银行支付的钱款。还月供；交月供
5	拥挤	yōngjǐ	形	地方相对小而人相对多。车上很拥挤
6	狭窄	xiázhǎi	形	范围、面积小。房间很狭窄
7	免谈	miǎn tán		不要说。……免谈
8	跟风	gēnfēng	动	（不顾实际、不加思考地）跟随一种潮流。
9	学区房	xuéqūfáng	名	指附近有学校教育资源的居民住房。
10	炒	chǎo	动	利用价格的升降不断地买进卖出，从中获利。炒房；炒地皮
11	天价	tiānjià	名	比喻极高的价格。
12	积蓄	jīxù	名	积存的钱。
13	照样	zhàoyàng	副	还是（老样子）。
14	好家伙	hǎojiāhuo	叹	表示惊讶或赞叹。
15	赶上	gǎnshàng	动	遇到。
16	（心里的）石头落地	(xīnlǐ de) shítou luòdì		比喻放下心来，再也没有顾虑。
17	安居乐业	ānjū-lèyè		生活安定，对从事的工作感到满意。
18	长久之计	chángjiǔ zhī jì		长远的打算，多用于否定句中。
19	栖身之所	qīshēn zhī suǒ		指安身、居住的地方。
20	量力而行	liànglì ér xíng		按照自己的能力大小去做事，不勉强做自己能力达不到的事。
21	一步到位	yí bù dàowèi		形容做事一下子就达到所要求的（较高程度的）结果。
22	猴年马月	hóunián-mǎyuè		比喻未来距离现在非常远的时间。常用"等到猴年马月"指某些事情未来的结果要等待很久，而且无法预料。

第 9 课 买套房子好安家

A 听录音，用简单的话回答问题。 9-2

1. 张丽的弟弟买房是为满足谁的要求？
2. 关于钱不多的年轻人买房还是租房的问题，李岩的观点是什么？
3. 张丽认为如果租房住，还能存够钱买房吗？
4. 在张丽看来，买房与孩子的健康成长有什么关系？
5. 很多父母为什么要买学区房？

B 朗读对话，注意语音语调。 9-2

（晚饭后，张丽和李岩在客厅聊天儿。）

张丽： 哎，你知道吗？我弟弟昨天终于把买房子的首付交了，我爸妈心里的石头终于落地了。

李岩： 这事闹腾有半年多了吧？这回终于有结果了。我真不明白，他女朋友的父母为什么提出"不买房就别结婚"？没道理！

张丽： 女方家也有他们的道理，谁不希望自己的女儿有个舒服的小家呢？人们常说"安居乐业"，这小两口儿有了自己的家心里才踏实，才能安心工作。一直寄居在公婆家到底不是长久之计呀！

李岩：住哪儿不是住？房子不过就是一家人的栖身之所。为了一个吃饭睡觉的地方，今天交一大笔首付，以后还得还月供，压力也太大了！依我看，买房这事得量力而行，钱不够就先租房，等有了钱再买房，没必要一步到位。

张丽：租房心里多不踏实啊！再说，现在市中心房租那么贵，他们那点儿工资交完房租就什么也剩不下了，猴年马月才能攒够钱买房子！

李岩：租房跟租房也不一样啊。在市中心租一套大三居，按他们的工资，那是租不起，但是租不起大的可以先租套小的，一室一厅的也没多贵，够住就行。

张丽：现在他们夫妻俩住的房子小一点儿是没问题，可是以后有了孩子呢？也挤在一起？拥挤、狭窄的空间多不利于孩子成长啊！苦自己不能苦孩子。可以说如果没房子就一切免谈，既结不了婚，也要不了孩子。

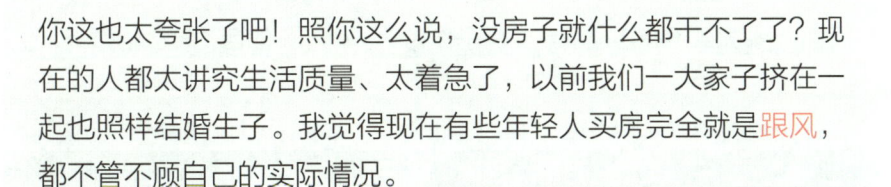

李岩：你这也太夸张了吧！照你这么说，没房子就什么都干不了了？现在的人都太讲究生活质量、太着急了，以前我们一大家子挤在一起也照样结婚生子。我觉得现在有些年轻人买房完全就是跟风，都不管不顾自己的实际情况。

张丽：我还真不是夸张，有些"风"就得跟！现在跟以前不一样，结婚生子离不开房子，以后孩子上学更离不开房子。以前你听说过为孩子上学买房的吗？可现在有多少父母争着买学区房啊！没办法，你要是不买，孩子连好学校都进不去，这不等于直接输在起跑线上了？

李岩：大家都把买房当成教育投资，难怪现在学区房都被炒成天价了。现在的家长，为了孩子上学真是拼了！

张丽：其实想想，这笔投资也值得：花钱买套房子，既住得心里踏实，又能解决孩子的入学问题，这不是一举两得吗？

李岩：说是这么说，但房款可不是个小数目。一般的老百姓，全家的积蓄只买套房子，不吃不喝不生病啊？赶上什么事急需钱怎么办？多少得留一部分。

张丽：房子又不像汽车，买回来开两年，再卖就不值钱了，如果丢了就更是什么都没了。房子买了又跑不了，它在那儿就相当于一大笔钱。万一赶上需要花钱应急的事，卖了大的，再换套小的，不就又有一大笔钱了吗？这有什么可发愁的？

李岩：嗯，道理都让你说了。可是说卖就卖啊？一大堆手续要办呢。

C 词语练习

踏实　寄居　免谈　安居乐业　长久之计　栖身之所

1. 不少中国人愿意买房，是因为他们觉得租房总有一种＿＿＿＿在别人家里的感觉，心里总觉得不那么＿＿＿＿，所以他们觉得租房子毕竟不是＿＿＿＿。俗话说"＿＿＿＿"，就是说先要"安居"，才能"乐业"。如果没有自己固定的房子作为＿＿＿＿的话，什么结婚啊，生子啊，一切都＿＿＿＿。

首付　月供　跟风　学区房　炒　天价

2. 现在的房价实在是太高了，尤其是那些好学校附近的＿＿＿＿，很多人都＿＿＿＿抢着购买，房价就被＿＿＿＿得高不可攀，简直成了＿＿＿＿。这些人房子是买了，可是他们先要交给银行一笔＿＿＿＿款，以后每个月还要还不少＿＿＿＿，负担很重。

积蓄　量力而行　一步到位　石头落了地　猴年马月

3. 有些年轻人要靠自己的努力买房子几乎是不可能的，要等到＿＿＿＿才能攒到足够的钱，所以他们只能借助于父母一辈子的＿＿＿＿来交房款。而很多父母也愿意帮孩子买房，这样他们才觉得心里的＿＿＿＿。对于买房这个问题，有些人认为年轻人最好＿＿＿＿，有多少钱办多少事，买不起房就先租房，没必要＿＿＿＿。

D 根据对话内容回答下列问题，注意加点词语的用法。

1. 什么是房子的"首付"？什么是"月供"？请用自己的话解释一下。
2. 中国人常说的"安居乐业"是一种什么样的状态？

3. 在李岩看来，年轻人怎么做才是"量力而行"？

4. 为什么张丽认为租房族要到"猴年马月"才能买到房子？

5. 学区房是什么样的房子？你觉得有必要买吗？为什么？

6. 用全部的积蓄买一套房子的做法，你觉得怎么样？

E 两人一组，用指定的词语回答问题。

1. 为什么买了房子以后人们的经济压力会很大？（炒，积蓄，首付，月供）

  炒房子；把……的价格炒得很高
  全部的积蓄；多年的积蓄；积蓄不多
  交首付；付首付；凑足首付（款）
  交月供；还月供；每个月的月供

2. 尽管房价很高，为什么很多中国人仍然愿意买房？（石头落地，踏实，安居乐业，栖身之所）

  心里一块石头落了地；心里的石头落了地
  觉得踏实；感到踏实；终于踏实了
  渴望安居乐业；安居乐业的生活；"安居"才能"乐业"
  有了栖身之所；是……的栖身之所

3. 为什么有些人不接受租房的居住方式？（寄居，长久之计，猴年马月，免谈）

  寄居在……；在……寄居
  毕竟不是长久之计；为了……应该有长久之计
  ……要等到猴年马月了；猴年马月才能……
  一切都免谈；别的都免谈；……免谈

4. 你对钱不多的年轻人买房有什么建议？（跟风，一步到位，量力而行）

  很多人跟风……（+V.）；不必跟风；纯属跟风
  不必一步到位；没必要一步到位；不可能一步到位
  量力而行的做法；应该量力而行；学会量力而行

F 四人一组，说一说：对话中提到了买房的哪些利与弊？你还有其他补充吗？请尽量使用小词库中的词语。用了哪个，请画"√"。

买房子有很多好处：

第一，买房能使人（　　　　），……
第二，大房子有利于（　　　　），……
第三，学区房关系到（　　　　），……
第四，花钱买房是一种（　　　　），……
此外，（　　　　），……

小词库

踏实　寄居　免谈
拥挤　狭窄　学区房
（心里的）石头落地　安居乐业
长久之计　猴年马月

买房子会带来很多麻烦：

首先，买房的（　　　　）太大，……
其次，买房子常常会花光（　　　　），
万一……
此外，（　　　　），……

小词库

首付　月供　跟风
炒　天价　积蓄
栖身之所　量力而行　一步到位

拓展

词语表 9-3

1	起码	qǐmǎ	形	最低标准或要求的。起码的条件
2	富裕	fùyù	形	（财物）富足充裕。生活富裕
3	摆脱	bǎituō	动	脱离（不利的情况）。摆脱经济危机
4	困境	kùnjìng	名	困难的处境。陷入困境；摆脱困境
5	机遇	jīyù	名	时机，（有利的）机会。难得的机遇
6	急剧	jíjù	形	急速，迅速而剧烈。急剧上涨；急剧下降
7	居高不下	jū gāo bú xià		一直很高，没有下降的趋势。价格居高不下
8	落叶归根	luòyè-guīgēn		比喻事物有一定归宿，指寄居他乡的人终要回到故乡。

A 眼见为实

↳ 进入一个热门房屋中介网站（如：安居客、链家、房天下等），搜索你所在地周边的房源或北京某一个地区的房源，浏览相关信息（价格、位置、环境等）。根据这些信息说一说：假如你是一个在北京工作的年轻人，月薪 5000—10,000 元，你会选择买房还是租房？为什么？

B 头脑风暴：买房与租房的 N 个理由

↳ 四人一组，参考下图，每人说说自己支持买房／租房的原因，其他人在下表中给他／她提到的理由画 "√"。

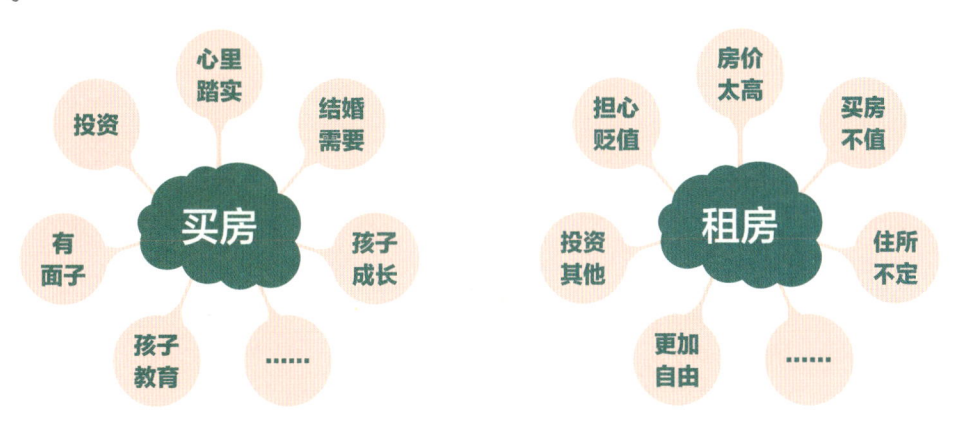

买房：心里踏实、结婚需要、投资、有面子、孩子教育、孩子成长、……

租房：房价太高、担心贬值、买房不值、投资其他、住所不定、更加自由、……

态度	支持买房							支持租房						
理由	心里踏实	结婚需要	孩子成长	孩子教育	有面子	投资	其他	房价太高	买房不值	住所不定	更加自由	投资其他	担心贬值	其他
组员 1														
组员 2														
组员 3														

C 买房／租房面面观

↳ 关于"为什么买房／租房"这一问题，记者采访了几位到访房屋中介公司的顾客。听录音，判断他们到访中介公司的目的，简单记录理由。🔊 9-4

	目的		理由
	买房	租房	
顾客 1			
顾客 2			
顾客 3			
顾客 4			
顾客 5			
顾客 6			

第 9 课 买套房子好安家

↘ 四人一组，每人选择录音中你感兴趣的一个角度，对比介绍你们国家的情况。请尽量使用小词库中的词语。用了哪个，请画"√"。

小词库

踏实　寄居　拥挤　狭窄　免谈　学区房　起码　摆脱　困境　机遇
（心里的）石头落地　安居乐业　长久之计　猴年马月
首付　月供　跟风　炒　天价　积蓄　富裕　急剧
栖身之所　量力而行　一步到位　居高不下　房地产商

D 文化透视

　　汉字"家"是个象形字。它的上边是一个宝盖头，表示一所房子；下边是一个"豕"，意思是一头猪，在这里表示家庭的"收入"或"财产"。所以，什么是"家"呢？有房，有收入或财产，这才能构成"家"，二者缺一不可。在中国人的传统观念里，如果没有房子，收入或财产也无处安放，更谈不上有"家"了。

　　房子对于家庭观念很重的中国人来说，有着特殊的意义。"安居乐业"是中国人理想的生活状态。"安居"是"乐业"的前提条件，传统的中国人不"安居"就无法"乐业"。自古以来，在一代又一代中国人看来，房子是安全感的体现，是落叶归根的地方。可以说，中国人对房子的依赖，正是中国传统的"家文化"和"根文化"的体现。

↘ 阅读上面的材料，回答问题。

1. 房子在中国人看来重要吗？请参考下图，用汉字"家"的构成解释说明。

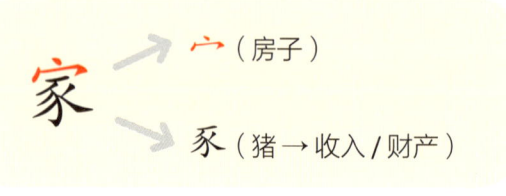

家 → 宀（房子）
　 → 豕（猪 → 收入/财产）

2. 对家庭观念很重的中国人来说，房子有什么样的意义？请参考下图，用成语"安居乐业"来解释说明。

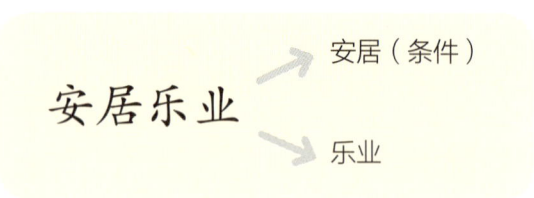

安居乐业 → 安居（条件）
　　　　 → 乐业

3. 四人一组讨论：你们还发现哪些汉字、词语或俗语可以反映出传统中国人对住所的重视？（请记录关键词）

E 分析图表

↘ 四人一组，结合C题录音和D题的内容，借助结构图和小词库，分析北京十年内房价和销量的变化。

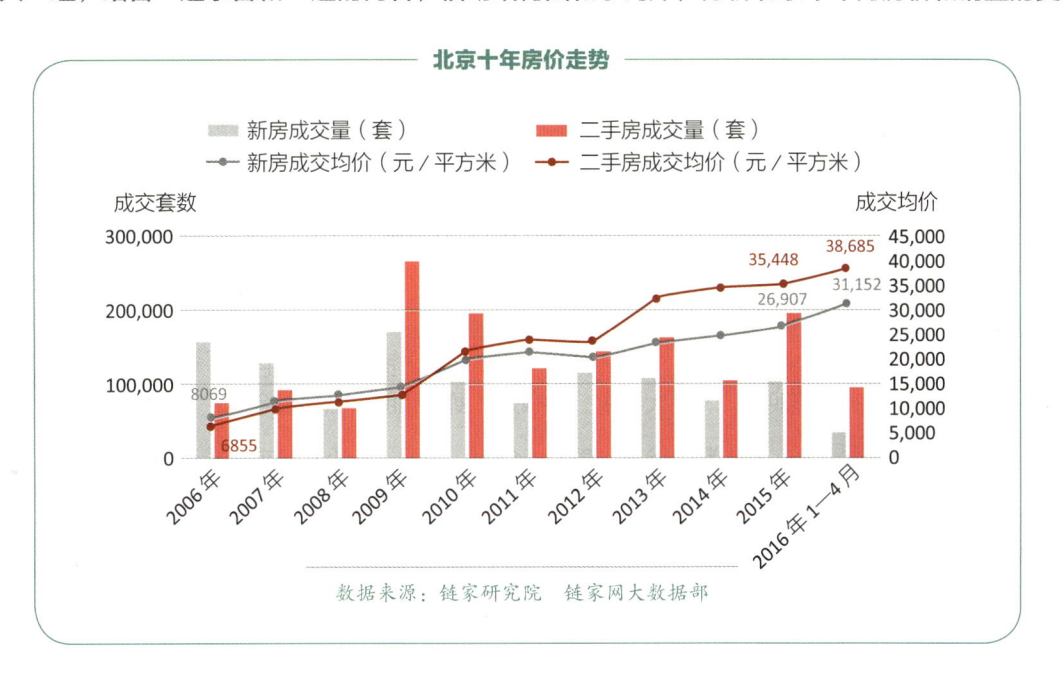

北京十年房价走势

图例：
- 新房成交量（套）
- 二手房成交量（套）
- 新房成交均价（元/平方米）
- 二手房成交均价（元/平方米）

成交套数（左轴）：0 – 300,000
成交均价（右轴）：0 – 45,000

数据标注：
- 2006年：8069、6855
- 2016年1—4月：26,907、31,152、35,448、38,685

横轴：2006年、2007年、2008年、2009年、2010年、2011年、2012年、2013年、2014年、2015年、2016年1—4月

数据来源：链家研究院　链家网大数据部

从这张图，我们可以看出，……
　　↓
为什么会这样呢？我觉得有几个方面的原因：
　　↓
从……来看，……；从……来看，……

小词库

炒　天价　急剧　居高不下
踏实　富裕　积蓄　安居乐业　落叶归根
寄居　拥挤　狭窄　长久之计　猴年马月
跟风　起码　免谈　学区房　一步到位

第 9 课　买套房子好安家

119

i PRODUCE

>> 完成任务

任务支持

下表中是本课学习的词语，供你在完成任务时选用。

我的表达需要	我的表达工具
房产经济词语	首付　月供　房地产商
房价的变化	炒　天价　急剧　居高不下
描述买房现象	免谈　跟风　积蓄　起码　富裕　长久之计　栖身之所　量力而行　一步到位　猴年马月
买房的好处	踏实　学区房　摆脱　困境　机遇　（心里的）石头落地　安居乐业　落叶归根
描述居住状态	寄居　拥挤　狭窄

任务选择

任务一　角色扮演

2—3人一组，扮演在买房问题上态度不一致的一家人，各自说各自的道理，互相说服彼此。

任务二　实地调查

以小组为单位，调查3位中国朋友（包括：他们是否有房？他们对买房的态度怎样？为什么？），分析哪些因素决定了他们对买房的态度，得出你们的结论。做一个PPT向全班展示、汇报。

任务三　文化对比

多人一组，模拟在"世界青年说"节目上发言。每人选择一个角度，说说自己国家的情况与中国有哪些异同。发言的时候请注意过渡、分析、总结等。

>> 评价

我觉得很有成就感，以下几个方面我做得很棒！（请画"√"，并简单说明。）

☐ 1. 我用了新学的词语，比如说：_____

☐ 2. 我说的话结构很清楚，我的结构是这样的：_____

☐ 3. 我会用过渡句，比如说：_____

☐ 4. 我说的内容很丰富，包括以下几个方面：_____

☐ 5. 我理解了新的文化知识/社会现象，比如说：_____

☐ 6. 我能从对比的角度看待各种文化，比如说：_____

第10课

毕业之后路向何方？

i PREPARE

热身

在中国，有一群从小镇走出来的年轻人。对于他们来说，生活有两种选择，向左走是留在大城市，向右走是回到家乡。丽丽就是这样一个小镇青年。大学毕业后，她曾经在北京工作了三年，然后又回到家乡。在一个访谈节目中她谈到了自己的这些经历。请观看视频。

牛刀小试

A 多人活动

三至四人一组，根据下面的问题向同伴阐述自己的想法，把关键词填写在下表中。

- 毕业后你会选择到北京这样的大城市工作吗？为什么？
- 毕业后你想做什么？为什么？

是否到大城市工作？	理由
□是　□否	
毕业后做什么？ □读研究生 □做公务员 □去_____工作 □自己创业	理由

B 结果展示

以小组为单位，把讨论的结果向全班简要汇报。

学习目标

通过本课的学习，你将能够：

1. 理解和使用与"就业"有关的词语。
2. 对比分析大城市与小城市的就业环境，了解中国大学生的就业选择。
3. 阐述自己的择业观。

i EXPLORE

对话

词语表 🔊 10-1

1	跳槽	tiàocáo	动	离开原来的单位去别的单位工作。经常跳槽；跳槽到新公司
2	行业	hángyè	名	泛指职业的类别。IT 行业；教育行业
3	职位	zhíwèi	名	工作中一定职务的位置。经理职位；秘书职位
4	投	tóu	动	提交，发，给。投简历
5	占优势	zhàn yōushì		处在能胜过别人的有利形势。在……方面占优势
6	迷茫	mímáng	形	迷惑、茫然，不知道怎么办。感到迷茫
7	归属感	guīshǔgǎn	名	觉得自己属于某个地方、某个群体的感觉。很有归属感；缺少归属感
8	繁华	fánhuá	形	（城市、街道等）繁荣热闹。繁华的大城市
9	人情味	rénqíngwèi	名	指人通常具有的情感。人情味浓；缺少人情味
10	福利	fúlì	名	生活上的利益，特指对职工生活（吃、住、医疗等）的照顾。福利好；福利差
11	待遇	dàiyù	名	工资福利。待遇好；待遇差
12	关照	guānzhào	动	关心照顾。
13	凑合	còuhe	动	将就，觉得还可以，但不是特别满意。
14	扣除	kòuchú	动	从总数中减去。
15	混	hùn	动	没有理想，没有抱负，糊里糊涂地生活（含贬义或开玩笑）。混得不错；混得不好
16	家常便饭	jiācháng-biànfàn		比喻经常发生、已经习惯的事情。
17	树挪死，人挪活	shù nuó sǐ, rén nuó huó		树换个地方就会死，但是人换个环境会活得更好。
18	小有名气	xiǎo yǒu míngqi		稍微有点儿名声、名望，比较有名。
19	藏龙卧虎	cánglóng-wòhǔ		比喻有很多没有被发现的人才。
20	所剩无几	suǒ shèng wújǐ		没有剩下多少。
21	爱拼才会赢	ài pīn cái huì yíng		勇敢地去努力、去拼搏，才会赢得胜利。
22	苦尽甘来	kǔjìn-gānlái		比喻艰苦的时候过去，美好的时刻到来。
23	一成不变	yìchéng-búbiàn		形成以后就永远不改变。
24	按部就班	ànbù-jiùbān		按照一定的条理，遵循一定的程序。

第 10 课 毕业之后路向何方？

工作机会

职位
要求
责任
福利待遇
工资

A 听录音，用简单的话回答问题。 🔊 10-2

1. 丁思思表哥现在的工作时间是什么样的？
2. 他换工作的次数多不多？
3. 丁思思在北京投了多少份简历？参加过几次面试？结果怎么样？
4. 这次她回家面试是谁推荐的？
5. 她要面试的职位是什么？和她的专业有关系吗？

B 朗读对话，注意语音语调。 🔊 10-2

（丁思思和表哥在咖啡馆。）

丁思思：表哥，约你见个面真不容易！你总说加班没时间，有那么忙吗？

表哥：可不是。我刚跳槽到了一家新公司，现在的工作时间是"996"——从早9点到晚9点，一周上6天班。你也知道我们做IT的，加班熬夜本来就是家常便饭。更何况我们经理都在加班呢，我怎么好意思请假呢？今天星期天，我是好不容易挤出睡觉时间来见你的。

丁思思：呦，那赶紧来杯咖啡提提神！对了，你刚才说你又跳槽了？这毕业还不到五年，你都换了几次工作了？

表哥：树挪死，人挪活，趁年轻多积累点儿工作经验很有必要。我现在这个公司在整个行业还是小有名气的，跳到这儿对我将来的事业发展有帮助，而且职位和收入也都提高了。哎，说到工作，你决定了没有？毕业后是留在北京还是回老家？你要是能留北京，咱俩还能做个伴。

丁思思：唉，别提了。开始我是想留在北京，去招聘会还有招聘网站投了一百多份简历，到现在只有三家让我去面试了，但是一个也没通过。我仔细分析了一下，你看吧，我的专业是中文，不是什么热门专业；我是本科生，学历不高；而且我又是女的，同等条件下，有的公司、职位还是更愿意要你们男的。所以我哪方面都不占优势。北京这地方藏龙卧虎的，竞争那么激烈，好公司人人都想进，哪儿能轮到我呢？

表哥：嗯，你分析得有一定道理，但是北京毕竟机会多呀。如果真想留北京，不一定一步到位，可以先找一份工作，钱少点儿也没关系，先就业再择业，以后再找机会换嘛！

丁思思：可是北京的生活成本太高了，收入太少也不行啊。我有一个学姐当初就是为了留京凑合找了一份工作，毕业都两年了也没找到更合适的。现在每个月工资六千多块，扣除房租、水电费、交通费和饭费就所剩无几了，常常还要家里给她寄钱。她现在就很迷茫，越来越没有归属感。我很害怕如果我留在北京，也会跟她一样一直找不到理想的工作，也不知道自己能坚持多久。

表哥：你没听说过吗？爱拼才会赢！像咱们这种小城市来的普通人家的孩子，想在北京这种地方混下去，哪有不吃苦的？只要你不放弃，总有苦尽甘来、梦想成真的一天。你看我现在不就越混越好了吗？

丁思思：我不像你那么能折腾啊。再说你这种每天除了工作还是工作，连出来喝杯咖啡的时间都没有的生活，我一点儿也不喜欢！与其在北京活得这么辛苦，还不如回老家呢。

表哥： 听你这意思，已经决定回去了？那你可得想好了，咱们那个小城市，那种一成不变、按部就班的生活，你回去还能适应吗？那样的生活是你的理想吗？

丁思思： 说心里话，我当然是喜欢在北京这种繁华、开放的大都市了。现在让我回老家，肯定会有不适应的地方。但是小城市也有小城市的好处呀，人情味浓，每天不用那么匆匆忙忙的，将来也不用为房子发愁。前天我妈给我打电话说大舅他们外贸公司招秘书，如果我想去，大舅可以帮忙推荐。他们公司福利待遇挺好的，还有机会出国。

表哥： 那也挺好，正好是你的专业。如果你真能去大舅的公司，他平常还能关照关照你。

丁思思： 我也是这么想的。我已经跟我妈说了，让大舅去帮我联系，简历也给他发过去了。等联系好了，我就去面试。

C 词语练习

> 投　行业　跳槽　职位　家常便饭　小有名气

1. 小王大学毕业后到一家公司当秘书，每个月的收入是 4000 多元。这家公司的工作非常忙，熬夜加班是＿＿＿＿。两年以后，她决定＿＿＿＿。她在网上看到一家＿＿＿＿内＿＿＿＿的公司在招聘，＿＿＿＿和她现在的相似，月薪 5500 元。她向这家公司＿＿＿＿了简历，并通过了面试。下周她就要去新公司上班了。

> 繁华　人情味　按部就班　所剩无几

2. 很多小镇青年不喜欢＿＿＿＿的工作，喜欢刺激和冒险，想趁年轻到大城市打拼一番。大城市很＿＿＿＿，购物中心、咖啡馆、电影院到处都是，但是生活成本很高。年轻人每个月收入看似不少，不过扣除房租和生活费一般也就＿＿＿＿了。大城市工作机会多，但是压力大，竞争激烈，人与人之间少了很多＿＿＿＿。

D 根据对话内容回答下列问题，注意加点词语的用法。

1. 丁思思的表哥为什么要跳槽？
2. 对他来说，现在工作中什么是家常便饭？
3. 丁思思觉得自己在找工作的时候，哪些方面不占优势？
4. 丁思思的学姐现在为什么很迷茫，越来越没有归属感？
5. 表哥觉得，离开了繁华的大都市，丁思思可能会有哪些不适应的地方？
6. 对她来说，小城市除了人情味浓，还有什么好处？
7. 在她大舅的公司工作，福利待遇怎么样？还有什么好处？

E 两人一组，用指定的词语回答问题。

1. 有些人像丁思思的表哥一样在大城市打拼，他们的工作状况怎么样？（家常便饭，跳槽，职位）

   加班是家常便饭；熬夜工作是家常便饭；开夜车是家常便饭
   频繁跳槽；不断跳槽；跳过很多次槽；从一家公司跳槽到另一家公司
   获得职位；更高的职位；令人满意的职位

2. 有些人像丁思思的学姐一样在大城市打拼，他们的生活状况怎么样？（待遇，所剩无几，迷茫，归属感）

   工资待遇；待遇不好；公司的待遇
   工资所剩无几；扣除……以后就所剩无几了
   感到迷茫；有些迷茫；对……很迷茫
   没有归属感；缺少归属感；缺乏归属感

3. 大城市的工作压力大，生活成本高，为什么很多人还要留在大城市？（繁华，机会，爱拼才会赢，苦尽甘来）

   习惯了大城市的繁华；繁华的大城市；繁华而开放
   工作机会；就业机会；更多机会；机会很多
   相信爱拼才会赢；爱拼才会赢的心态；爱拼才会赢的勇气
   期待苦尽甘来；总会苦尽甘来；苦尽甘来的那一天

4. 有些人像丁思思一样，最终选择回到自己的家乡那个小城市工作，他们看重的是哪些方面？（压力，人情味，关照）

   工作压力；生活压力；精神压力；压力小
   人情味浓；有人情味
   有亲人关照；互相关照；彼此关照；得到关照

F 在大城市／小城市工作的优点

三至四人一组，说一说在大城市和小城市工作的优点。先总结对话内容再进行补充。

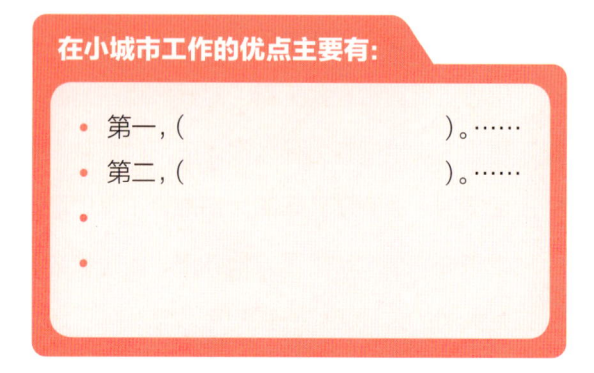

在大城市工作的优点主要有：
- 第一，（　　　　　　　　　）。……
- 第二，（　　　　　　　　　）。……
-
-

在小城市工作的优点主要有：
- 第一，（　　　　　　　　　）。……
- 第二，（　　　　　　　　　）。……
-
-

G 头脑风暴：不在大城市／小城市工作的 N 个理由

1. 首先每个人做出自己的选择，并在下表中勾选理由。然后三至四人一组，每人说说自己为什么不愿意在大城市／小城市工作，其他人在表格中给他／她提到的理由画"√"。

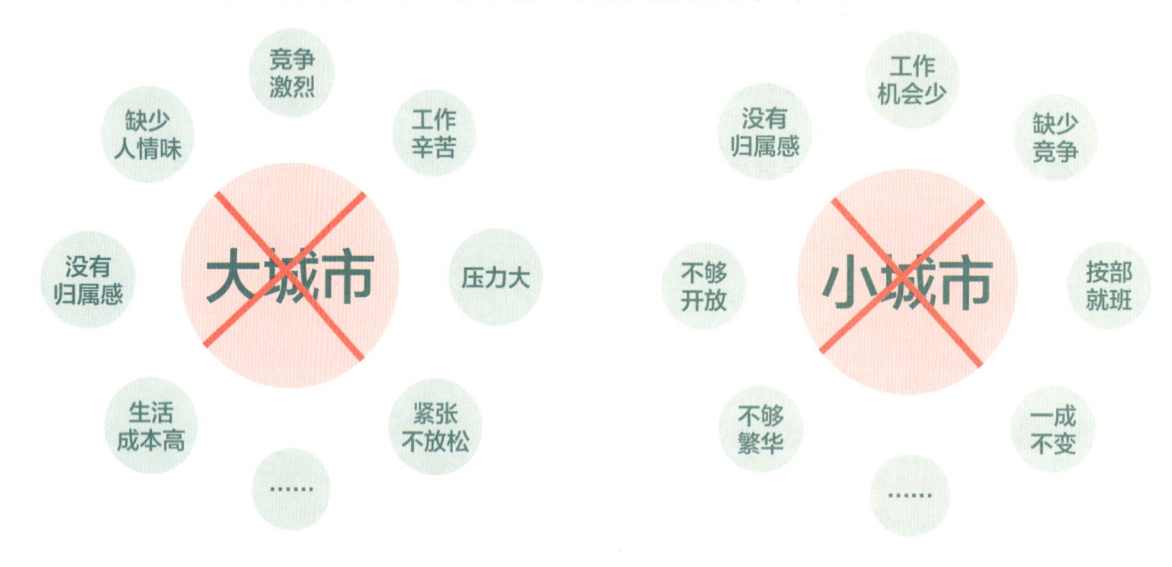

大城市：竞争激烈、工作辛苦、压力大、紧张不放松、生活成本高、没有归属感、缺少人情味……

小城市：工作机会少、缺少竞争、按部就班、一成不变、不够繁华、不够开放、没有归属感……

选择	不在大城市工作								不在小城市工作						
理由	竞争激烈	工作辛苦	压力大	紧张不放松	生活成本高	没有归属感	缺少人情味	其他	工作机会少	缺少竞争	按部就班	一成不变	不够繁华	不够开放	没有归属感	其他
自己																
组员1																
组员2																
组员3																

2. 每组统计汇报，全班汇总，看看选择哪个选项的人最多。

拓展

词语表 10-3

1	抗压	kàng yā		抵抗、承受压力。抗压能力
2	青睐	qīnglài	动	喜爱，重视。受青睐
3	住房公积金	zhùfáng gōngjījīn		一种长期的住房储蓄，由工作单位和个人各出50%存到专门的银行账户里。
4	体面	tǐmiàn	形	有面子。体面的工作
5	激情	jīqíng	名	强烈激动的情感。充满激情
6	干部	gànbù	名	指担任一定领导工作或管理工作的人。
7	选举	xuǎnjǔ	动	用投票或举手等方式选出代表或负责人。
8	一技之长	yíjìzhīcháng		指某一种技术特长。

A 毕业之后可以做什么？

↪ 听四段录音，根据听到的内容将对应的选项填入表格中。 10-4

A. 当大学生村官 B. 考研 C. 考公务员 D. 创业
E. 工作稳定 F. 有梦想和激情 G. 找不到好工作 H. 到农村积累经验
I. 福利待遇好 J. 有社会地位 K. 为农村培养人才 L. 老师推荐
M. 提升学历和学识

	毕业后做什么？	为什么？
第1段		
第2段		
第3段		
第4段		

↪ 两人一组，根据录音内容并结合你们国家的情况回答问题。
1. 一些中国大学毕业生为什么考研？你们国家的情况一样吗？

> **小词库**
>
> 不仅……，还……　与其……，不如……
> 提升　发展机会　竞争激烈　抗压能力

第 10 课　毕业之后路向何方？

2. 一些中国大学毕业生为什么考公务员？你们国家的情况一样吗？

> **小词库**
>
> 一是……，二是……，三是……　拿……来说
> 青睐　福利　待遇　住房公积金　失业　轻松　加班　体面

3. 中国的大学毕业生创业，为什么很多人最后没有成功？你们国家大学毕业生创业的情况怎么样？

> **小词库**
>
> 或者……，或者……，或者……
> 激情　梦想　经验　资金　一技之长

4. 中国为什么会让大学毕业生去当村官？村官任职结束后他们有哪些选择？你们国家有类似的政策制度吗？

> **小词库**
>
> 不仅……，还……
> 解决　就业　培养　管理　建设　人才
> 公务员　考研　选举　村干部　创业

B 小张和小李该如何选择？

小张（男）　本科生
- 来自农村，有一个弟弟刚上大学，家庭收入不高
- 经贸专业，成绩较好
- 目前在某电商平台做实习生
- 将来想开一家网店，销售家乡的农产品
- 最喜欢的一句话是"爱拼才会赢"

小李（女）　本科生
- 来自小城市，父亲是公务员
- 中文专业，成绩优秀
- 学生会主席
- 将来想有一个稳定的工作
- 有希望获得免试读研究生的机会

大学生小张和小李毕业之后可以有五种选择：
① 读研　② 考公务员　③ 当大学生村官　④ 自己创业　⑤ 去企业或公司

➲ 三至四人一组，根据小张和小李的个人情况帮他们分析毕业选择，提出建议。把你们的建议和理由填写在下表中。

小张适合选择_____	小李适合选择_____
理由：	理由：
1.	1.
2.	2.
3.	3.

C 毕业之后的理想

↘ 以下是关于毕业之后最想去的地方和最想做的工作，对某大学四年级一些学生进行调查的结果。三至四人一组，分析这些中国大学生对毕业去向的看法，得出你们的结论。

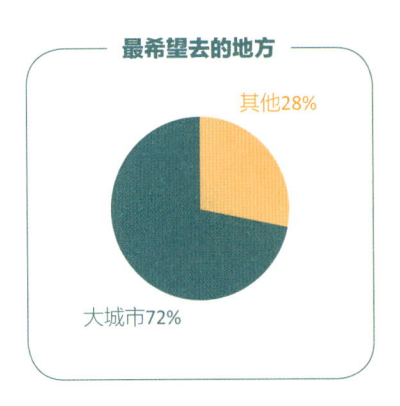

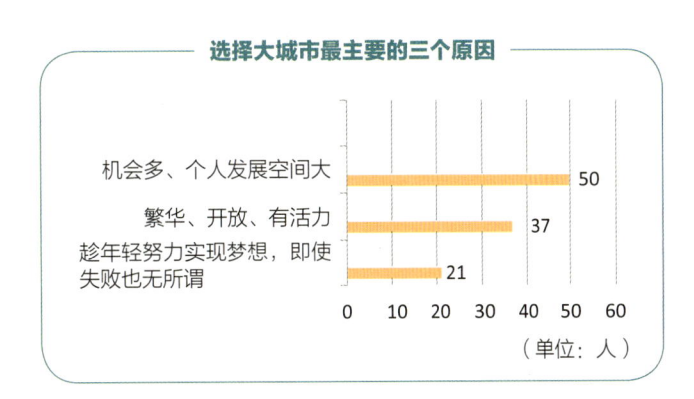

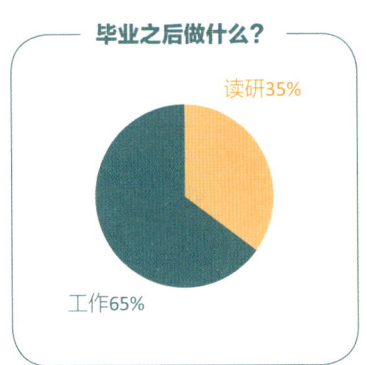

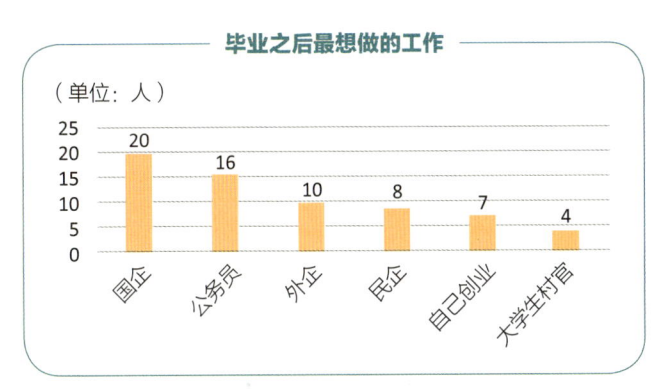

最希望去的地方
- 其他 28%
- 大城市 72%

选择大城市最主要的三个原因
- 机会多、个人发展空间大：50
- 繁华、开放、有活力：37
- 趁年轻努力实现梦想，即使失败也无所谓：21

（单位：人）

毕业之后做什么？
- 读研 35%
- 工作 65%

毕业之后最想做的工作（单位：人）
- 国企：20
- 公务员：16
- 外企：10
- 民企：8
- 自己创业：7
- 大学生村官：4

小词库

机会　繁华　专业　梦想　激情　优势　福利　待遇　稳定　体面　竞争　青睐
爱拼才会赢　苦尽甘来　一技之长　一成不变　按部就班

↘ 在你们国家，大学生毕业之后最想去的地方和最喜欢做的工作是什么？和中国的情况一样吗？请对比介绍你们国家的情况。至少使用五个本课学习的词语，并把它们写在小词库中。

小词库

第10课 毕业之后路向何方？

131

i PRODUCE

完成任务

任务支持

下表中是本课学习的词语，供你在完成任务时选用。

我的表达需要	我的表达工具
毕业后的选择	择业　就业　创业　考研　考公务员　当村官
工作	招聘会　行业　职位　干部　福利　待遇　住房公积金　激情　梦想 跳槽　熬夜　投（简历）　占优势　（受）青睐　关照　抗压　选举 家常便饭　小有名气　藏龙卧虎　树挪死，人挪活　爱拼才会赢　一技之长
生活	（生活）成本　所剩无几
工作或生活感受	迷茫　归属感　繁华　人情味　体面　苦尽甘来　一成不变　按部就班

任务选择

任务一　我是演说家

每人以"我的择业观"为题做一个演讲，内容包括"在大城市工作好还是在小城市工作好""毕业以后希望做什么工作"等。

任务二　实地调查

以小组为单位，调查当地大学生（至少 6 人）毕业之后的打算，并对调查结果进行分析总结，还可以与本课中的调查进行对比。下面是一些推荐的调查内容，可以根据需要减少或者增加。针对每个内容设计几个问题，进行调查。做一个 PPT 向全班展示、汇报。

内容 1	毕业之后做什么？工作还是继续学习？为什么？
内容 2	毕业之后去哪里？在大城市还是小城市？为什么？
内容 3	毕业之后会自己创业吗？为什么？
内容 4	公务员是理想的工作吗？为什么？

任务三　课堂辩论

正方　大学毕业后还是在大城市工作好
反方　大学毕业后还是在小城市工作好

根据不同观点，分正反方进行课堂辩论（每场辩论 6—8 人，每组辩手 3—4 人）。在辩论中，不但要清晰地表达、证明自己的观点，而且能够反驳对方的观点。

▶ **辩论准备**

讨论并整理对方的观点和证明方法，再看看可以从哪些角度进行反驳，把讨论内容填写在下表中。

我们的观点是：	
对方的观点是：	
对方很可能从这些角度证明观点 例如：大城市机会多。	我们可以这样反驳 例如：大城市机会多，但是竞争也激烈。

〉〉评价

你觉得你的同伴表现得怎么样？请简单说说他/她哪些地方做得好，列举几条。

他/她的优点有：

1. _____
2. _____
3. _____

附录一

录音文本

第1课　谁说女子不如男？　1-4

受访者1　1-4-1

　　我家在陕西农村，我有一个哥哥。我俩中学的时候学习成绩都挺好的，常常名列前茅。后来哥哥考上了北京大学，去北京读书了。第二年轮到我高考，我也发挥得还可以，可是妈妈说家里的钱只够让一个孩子读大学的，我是个女孩子，想想家里实在是困难，就算了吧。我只好上了职业学校，放弃了读大学的机会。虽说法律规定，不论男女都享有平等的受教育权利，但是在农村家庭、贫困家庭，你说真的能做到男女平等吗？

受访者2　1-4-2

　　我有个女邻居，家里有一儿一女。她家的房子很大，有220多平方米。有一次聊天儿，我们就问她今后这套房子要怎么分。她毫不犹豫地回答："当然留给我儿子了！"我们都说她太重男轻女了，怎么能连房子的继承权也不给女儿？她说："儿子和女儿，什么时候都不可能一样。他俩以后成家了，我的房子就是我儿子的房子。至于女儿，给钱可以，但房子绝对不行，必须留给儿子！"所以说，尽管关于男女平等的法律已经完善，但要消除一些人的老观念还是挺难的。

受访者3　1-4-3

　　我的工作工资不高，但单位人际关系很和谐，工作挺开心的。可是最近我爱人总提出让我辞职，他说挣钱养家是他的事，不用我管。他还说，反正我一个月也挣不了多少钱，既然已经嫁人了，就干脆辞职，在家当全职太太，休养好身体，明年生个健康的宝宝。但是我不愿意，感觉自己没了工作，就不独立了呀！

受访者4　1-4-4

　　我家的家务事都是我负责，接送孩子、买菜、做饭、收拾房间、照顾老人……所有都是我的事。我爱人工作忙，常常很晚才回家，所以我有时候忙不过来了，就只能跟单位请假，领导就很不高兴。没办法，我们夫妻总得有一个人牺牲自己的工作，照顾家里啊，不能两个人都忙工作吧？一般的家庭不都是"男主外，女主内"吗？我们家也只能这样。

第 2 课　今天的钱哪天花？　🔊 2-4

第一组：[月光族]

受访者1 🔊 2-4-1

我是个地道的"月光族"，每个月的开支确实挺大的——衣服啦、化妆品啦、美食啦……每个月月初发了工资，我就开始疯狂地买东西。甭管看见什么喜欢的，都要买回来。可是这样一来也有弊端：前半个月总是过得很痛快，可是后半个月手头就紧巴巴的了。我还有些朋友，同时办好几张信用卡，先消费再说，等发了工资就把所有的钱拿去还信用卡，然后再继续用。其实这样压力也挺大的，可是没办法，我们没法儿自控。

受访者2 🔊 2-4-2

其实不是我想当"月光族"，而是我存不下钱。你看，我每个月就这么一点儿工资，日常开支、衣食住行哪一样不花钱？物价这么高，房租、水电煤气费一交，也就剩不下什么钱了。我拿什么存钱？我不想存钱买房子吗？可是现在的房价那么高，我怎么也存不到买房子的钱啊！以我的现状根本买不起房子！今朝有酒今朝醉，我也想开了，与其小里小气，天天活得那么辛苦，不如想花就花，先享受了再说，至少能缓解一下现在的压力。

受访者3 🔊 2-4-3

不存钱怎么了？我从小就没有"存钱"的概念，看上什么东西父母就直接出钱买了。工作以后，我自己挣来的钱，当然想怎么花就怎么花，从来没为生活品质发愁过，可以说是无忧无虑。至于结婚，我父母早就给我筹备好了婚房，以及结婚的一系列用品，哪用得着我贷款啊？至于你们说的"家里人得急病了，要钱救命"啦，"孩子上学了，没钱报辅导班"啦……我感觉这些都离我太遥远了，想那么远干吗？

第二组：[存钱族]

受访者1 🔊 2-4-4

我今年47岁，有个女儿。我存钱的目的之一就是老了有保障，不给女儿添麻烦。再过8年，我就退休了。工作了大半辈子之后终于可以轻松了。轻松是轻松了，但收入也少多了，国家给的那点儿退休金哪能跟工资比呀！在大城市生活，柴米油盐样样花钱，生活成本多高啊！要想像以前那样生活品质不降低，那点儿退休金肯定不够，还得有多余的钱来补足。那些多余的钱从哪儿来？就从我们现在银行里的储蓄来啊！

受访者2 🔊 2-4-5

我妈妈身体不太好，这几年做了好几次手术。虽然她有医疗保险，但是手术前总得我们自己先把钱交上吧！我们家这种处境当然需要一些存款。幸亏老人前些年省吃俭用存了一些钱，要不就得借钱应急了。还有啊，有一些好药医疗保险不包括，难道你就不给老人用？所以就算有医疗保险，但是每次看病自己也花不少钱，不存点儿钱真不行。现在想想自己，我今年38岁，奔40了，天天这么忙碌，难免生病，也得考虑给自己存点儿医药费了，有备无患啊！

受访者3 🔊 2-4-6

我们存钱为谁？还不是为儿子！儿子总要结婚，结婚得有房子吧？现在哪个姑娘愿意和公公婆婆挤在一起住啊？一套房子，首付怎么也得几十万吧？为了这几十万的首付，我们做父母的，还能大手大脚地过日子吗？有了房子，谈了对象，到了谈婚论嫁的时候，还得准备别的呢——电器啦，家具啦，婚纱照啦，婚宴啦……这一系列开支，怎么说还得要好几万吧？这都得提前准备好。要不人家怎么有个比喻，说女儿是"招商银行"，儿子是"建设银行"呢？

第3课　父母的良苦用心　🔊 3-4

家长1 🔊 3-4-1

你以为我们做家长的愿意强迫孩子报辅导班吗？可是不报辅导班就没有竞争力啊！你知道咱们北京每年考上北大、清华、人大那些985大学的才有多少人吗？才不到5%！那些热门的专业，分就更高了！你说这千军万马的，就一座独木桥让你过，竞争多激烈！这种情况下，成绩不拔尖儿的话，一切都免谈！为了孩子的未来、孩子的发展前景，这辅导班该上还是得上。

家长2 🔊 3-4-2

我家小孩儿今年10岁了，上小学四年级，到现在我还没给她报过辅导班呢。也许我的孩子在考试中成绩是比别人少了10分，可是她多了10分的快乐。我家孩子从小对跳舞感兴趣，现在每个周末她的很多同学去上各种文化课，而我家孩子跟小时候一样，仍旧去学她擅长的舞蹈，每次都特别开心。我觉得家长首先应该确保孩子的身心健康，心情舒畅是最重要的，我不希望孩子压力那么大。

家长3 🔊 3-4-3

辅导班还是得各科都报上吧，学习的事可不能疏忽大意！比如说，孩子在学校上课，有的概念比较深奥、难以理解，可别的孩子都说已经在辅导班学过了，这样一来，老师就不讲了，可你家孩子就不会。这不就成差距了吗？不就跟不上了吗？所以，虽然我也不想给孩子报班，但是没办法，被周围的环境搞得不得不报啊！

家长4 🔊 3-4-4

辅导班这个东西呢，就像是吃饭——饿了就吃，不饿就不吃。辅导班需要就报，用不着就不报，完全可以随意一些，一切顺其自然。具体来说，倘若哪一门成绩差一些，就报个班补一补；如果还可以，就没必要去上。每个孩子情况不一样，没有必要为了跟别人一样而特意去报班。成绩不行的多上一些课没有坏处，成绩好的不上辅导班也不用心里不踏实。

家长5 🔊 3-4-5

孩子的自控能力比较差，他们放学以后不上辅导班做什么呢？以前还好，可以跟好朋友做做游戏、打打球。现在呢？无非是一个人在家上网、打电脑游戏，要不就是玩手机，眼睛都看坏了。我们做家长的下班晚，对这种情况也是无能为力。所以，与其让孩子放学后自己在家待着，还不如把他们放到辅导班上去呢，至少听听课，不会泡在电脑、手机上。

家长6 🔊 3-4-6

　　我们现在不报辅导班了。为什么呢？因为以前我们报过不少班，但是有的班效果并不好，老师讲得还不如孩子学校里的老师呢！孩子花了时间，家长花了钱，可是成绩一点儿都没有提高，白折腾半天。这多不值啊！后来我们就不报了。孩子长大了，也应该学会自己支配时间。我打算留出时间，让孩子自己好好复习老师讲过的内容，多做做练习，也可以。

第 4 课　放不下的手机　🔊 4-4

受访者1 🔊 4-4-1

　　自从有了扫码支付的方式，我现在出门基本不带钱包了。只要微信绑定一张银行卡，就可以用微信支付了。你看，现在无论在哪儿、要买什么，都可以这么支付！我在超市买点儿东西啦，在售货亭买份报纸啦，在外边买杯咖啡啦，买份早餐啦，用手机一扫二维码就行了，哪还用得着带沉甸甸的钱包！而且有什么优惠活动，商家还会发到手机上来，真挺好的。

受访者2 🔊 4-4-2

　　我的工作特别忙，每天晚上七八点才能下班，根本没时间做饭。以前总是随便找个小饭馆，胡乱吃一口算了。现在我手机上装了好几款叫外卖的 APP，这样一来就解决了吃饭问题，不用跑饭馆去了，省事又快捷。到吃饭的点儿了，打开 APP，选个喜欢的餐厅，动动手指，下单，付款，半个小时的工夫，饭就送到了，节省了不少时间。另外，现在好多外卖做得挺好的，荤素搭配，营养健康，一点儿也不比饭馆里差。

受访者3 🔊 4-4-3

　　以前为买件衣服逛商场，腿都跑细了，总是耗费我不少时间。现在我改用手机购物，京东、淘宝、唯品会……很多网站我都上。不但服装、化妆品在网上买，现在连日用品、食品都在网上搞定。在网上买东西不但可以足不出户，而且选择特别多，应有尽有，可以说"只有你想不到的，没有你找不着的"！商品的信息一目了然，价格也不贵，还能送货上门，用手机购物真是太便利了！

受访者4 🔊 4-4-4

　　我们全班同学和老师一起建了个微信群。如果班上有什么通知，老师就会发到群里，不必等到上课，大家就能第一时间知道。老师还常常把补充的学习资料上传到群里，辅助课堂教学。我们从群里下载、保存到自己的电脑，学习资料就比较齐全。可以说，微信对我们学习很有帮助。

受访者5 🔊 4-4-5

　　我是个特别容易迷路的人，大家都叫我"路痴"。以前看了半天地图，还是容易走丢。现在好了，有了手机我就长本事了，去哪儿都不怕！出门只要带上手机就不用担心，一个地方找不到了，就赶紧打开"百度地图"或者"高德地图"APP，输入我的目的地，然后给自己定位，开始导航。只要按照手机提示的路线走，就找到了。所以你说，"放下手机"这句话，谈何容易！

第5课　零浪费生活　5-4

第1段话　5-4-1

我们要给生活做减法。比如说家里面有十双鞋，但是我最常穿的只有五六双，那另外几双我就不需要把它们留下来。可以卖掉，也可以送给需要的人或者捐给慈善机构。东西减少之后，你会把你的心思放在更重要的事情上。另外，你留下的东西利用率也会更高，你会更加珍惜它们。

第2段话　5-4-2

现在人们的生活条件都好了，都喜欢买新东西。如果一件东西坏了，可能大家的第一反应就是反正也坏了，那就扔了吧，再买个新的，无所谓。但是我就比较喜欢一些老的东西，就是有很多故事在里面。再有一个就是，有些东西坏了的话，你可以花几十块钱或几百块钱去修一下，这样就可以用得更久，而且比你去买一个新的要便宜很多很多，能节省很多钱。

第3段话　5-4-3

堆肥处理其实在家就可以做。我们自己已经做了一年零两个月了。堆好的肥料颜色是棕色的，我们叫"黑金土"，它是非常肥沃的。我家里已经没有任何食物垃圾，因为我把所有的食物垃圾都全部进行堆肥。除了食物垃圾，像纸啊，头发、指甲什么的也全部可以堆肥，另外纯棉的衣服也是可以堆肥的。

第4段话　5-4-4

可能关于环保，大家听得最多的一个词就是"回收"。但为什么我们没有把"回收"放在最前面，作为第一个原则？是因为我们不想让大家去依赖回收，因为回收也要耗费资源和时间。比如说要运输到某个地方啊，然后再做清理、处理。再一个就是物品的回收其实就是降解处理。如果一个东西在回收前能够被重复利用，那么让它物尽其用是最好的。

第5段话　5-4-5

现在不少人搬家都会扔掉很多衣服啊，家具啊什么的。这些东西大部分都是五成新甚至七八成新的，这样被扔掉不仅可惜而且很浪费。另外呢，身边也有很多朋友平时想处理掉一些自己不用的闲置物品，但是不知道如何处理，直接扔掉又非常可惜。于是我们就在店里设立了这样一个二手物品共享区。这个地方的所有物品大家都可以免费拿走。大家也可以把家里不需要的衣服啦，家具啦，书啦放在共享区，只要是干净、还可以继续使用的就都可以，让其他喜欢的人免费拿走。在共享区，有一条基本的原则就是：只拿自己真正需要的东西。

第6课　当你老了　6-4

受访者1　6-4-1

我这就要去养老院了。一个子女都在国外的"空巢老人"，生活开始不再能完全自理，这似乎就是很自然的归宿。养老院条件不错，就是价格贵，以前存的那点儿养老金根本不够。可是如果把自己的住房卖了，钱就不是问题了。不能把房子留给孩子，这点我心里挺不是滋味的，现在哪个老人不给孩子留一套甚至几套房子？还好房子卖了以后钱应该花不完，不久的将来，剩下的那些，再留给他们作遗产吧。

受访者2 6-4-2

我为什么不去养老院？好的养老院还是太贵，即便我们老两口儿的退休金加起来也还是不够。便宜的养老院也有，但是条件比起家里就差太多了，去了也是受罪。另外我们也担心，要是真去了养老院，可能会有人议论，说女儿女婿不孝。我们现在最大的心愿，就是不要生大病。平时的生活，就是这样简简单单的，两个老人互相照顾，希望不要拖累孩子，就挺好了。

受访者3 6-4-3

你真的相信父母愿意去养老院？是，他们一直在说养老院多么好，有老伙伴每天唱歌跳舞下棋喝茶……那都是说给咱们听的，让咱们晚辈心里好受一点儿，不会觉得自己太不孝。如果他们真的喜欢去，为什么身体好的时候不去？他们是怕拖累我们啊！我又想起那句话了，"父母在，不远游"，也许我真该回家乡了。有时候我也羡慕有兄弟姐妹的人，独生子女更放不下父母。

受访者4 6-4-4

我父母现在在养老院，是我能力范围内最好、最贵的养老院。很多人不放心把父母交给养老院，就在家请保姆照顾。我是觉得养老院有专业的医生、护士，还是比保姆更靠得住。等我老了，一定会提前准备好自己进养老院的钱，几个老伙伴一起去，绝对不会指望孩子。现在的趋势就是这样。现在的孩子长大以后，应该也不会再有给父母养老送终的压力了，我很为他们高兴。养儿防老的观念，就到我们这一代结束吧。

第7课 数字时代的代沟 7-4

第1段 7-4-1

为了限制小明上网，小明父母规定了每天的上网时间。然而，这种限制却影响了父母和小明之间的关系。在父母看来，小明从来不能按照规定时间上网，眼里没有父母只有电脑，拿起电脑就放不下。而小明觉得父母除了用手机聊天儿和网购，什么都不会，他们的数字生活比自己落伍多了。除了打游戏，小明还通过智能设备学习外语、研究编程、制图等。小明强调，自己无论如何也不能放下电脑，因为电脑不只是用来上网玩游戏。在小明家，父母和孩子都感到不被理解，彼此之间有一条深深的代沟。

第2段 7-4-2

尽管可以从网络上学到一些新的知识和技能，但青少年毕竟社会经验少，是非辨别能力不强，很难辨别出哪些内容有害，哪些内容有益。所以，很多家长希望孩子们能更信任和依赖家长，而不是网络。一位母亲说："游戏可以玩，上网也可以，但是一定要做到自我监控，不玩一些打打杀杀的游戏。我也希望孩子愿意在没有把握的时候来问我，而不是简单地相信网上的内容。"但是也有很多孩子表示，自己喜欢上网就是因为那是独立于父母、完全属于自己的世界，他们并不想和父母分享上网的经历。

第3段 7-4-3

移动互联网作为不断发展的先进技术，打破了信息传播的壁垒，也打破了两代人之间的不平等。在过去，成年人比青少年更有知识、经验和权威；而现在，青少年甚至儿童也可以通过网络和智能设备很容易地获得知识，提高各方面的技能，父母的知识和权威受到了挑战。因此，专家认为，对数字时代的父母来说，简单地限制孩子上网并没有用。最好的做法就是陪伴，既要给孩子提供技术和设备支持，又要学会耐心与孩子沟通，和孩子一起学习、共同进步，做数字时代的好父母。

第8课　要不要整容？ 8-4

受访者1 8-4-1

我是学经济学专业的，现在大四了。从大三的暑假我就开始找工作，真的太难了！以前我太天真了，以为只要努力学习，就能找到好工作，所以当班里的男生和漂亮女生出去玩的时候，我却待在图书馆学习。但是快毕业的时候，他们却比我更容易找到工作。这太不公平了！我才知道，漂亮的成绩单不能保证我能找到工作，我还需要有一张漂亮的脸。我来自一个偏远的小城市，我真的不想回去，在那里度过我的余生。我想留在南京，但是我家里没钱，在南京也没有关系，不能指望父母帮我，我只有靠自己。为了留在南京，我愿意付出一切代价。我已经决定了，把这几年打工的积蓄都拿去整容，让自己变得漂漂亮亮的！

受访者2 8-4-2

我在一家大型网络公司当经理。你可能会好奇为什么我的事业很成功还要整容。是，我在工作上是很有自信，也有好的事业前景，但那又怎样？看看我，已经34岁了，还单身。过去十年里我爱上过两位男士，但是这两段感情都失败了。他们两个都和同一种类型的"小女人"结婚了，就是那种很"女人"的人，小脸蛋、大眼睛、白皮肤、长长的头发……我肯定不是那种会花一个小时化妆的"小女人"。我的前男友们总是抱怨我不管身体上还是性格上都没有"女人味"。我的好朋友们也说，如果想要感情有个好结果，我应该更女性化一些，也许她们是对的。我的性格太强势，外表也是。说到改变，我可以让自己的气质更有女人味，但是对于长相，除了整容我没有别的办法。我的脸又短又宽，是方形的，给人的感觉很硬。听说可以做手术让脸变瘦，变柔和。不过，虽然我可以去整容，但我还是更想早日遇见一位真正喜欢我、欣赏我的男士。

受访者3 8-4-3

我今年19岁，去年离开农村来城里打工，现在是一家饭馆的服务员。我来到大城市，是因为想见见世面。我看城里的女孩儿都化妆，特别漂亮，特别时髦。我也想跟她们一样，就开始学着化妆。但是有一次我听见一个客人在背后说我眼影画得太重，像熊猫眼，我特别生气，也特别受打击。我眼影画得重，是因为我眼睛小，想通过化妆让眼睛看起来大一些。可是没想到在城里人眼里，我还是很土气。从那时候起我就下决心，一定要让自己看起来跟城里人一样。我决定多花些时间和钱在穿着和化妆上，模仿那些城里的女孩儿。但是不管怎么画，我都对自己的眼睛不满意——我的眼睛太小了。直到有一次，我听到有客人谈到整容手术可以让眼睛变大变漂亮，我当时就决定要做这个手术。我打听了一下价钱，最便宜的私人诊所只要1000块。我打算最近就去做。我想做一双像电影明星那样的大眼睛，让城里人都羡慕。

第9课　买套房子好安家　🔊 9-4

顾客1 🔊 9-4-1

我是来买房子给儿子娶媳妇的。现在结婚可是件花钱的事，彩礼钱、房子、车子，都得准备着！要是钱不够，彩礼钱可以少点儿，汽车也可以不要，但是起码的条件是得有房子。谁也不愿意自己的女儿挤在公公婆婆家里，或者在外边租房，连稳定的住处也没有，那多不踏实啊！现在男方要是没房子，谁肯把女儿嫁给他啊！

顾客2 🔊 9-4-2

我是为了小孙子上学买房。我小孙子今年3岁了，过几年就该上小学了。孩子上什么学校多重要啊！这关系到孩子今后能受到什么样的教育，可不能凑合。很多好的小学、中学，你不买附近的学区房，人家就不收你家孩子。可是学区房贵啊，房价炒得那么高！虽说日子不富裕，可是为了孩子，贵也得买啊！这不，我已经转了好多地方了，还没找到能接受的价格。

顾客3 🔊 9-4-3

我买房子是为了投资，不是为了住。你想想，有了积蓄，炒股票风险多大啊，买套房感觉就不一样了。它放在那儿，就是钱啊！房价如果再涨，那就是"钱生钱"。万一哪天做生意赔了，或者家人生病了，我把房子一卖，就能多出好多钱来，就能摆脱困境啊！今天钱变房子，以后房子变钱，不是挺好吗？房地产业发展，对很多投资者来说是一种机遇。

顾客4 🔊 9-4-4

房子必须买啊！我今年都35了，已经不年轻了，还租房住？那不是太没有成就感了？你买了自己的房子，别人没法儿断定你是全款买的，还是只付了首付，每月还月供，人家看到的就是你能力还可以，收入也不错，这就证明你比较成功。谁不羡慕你啊！这是一种社会地位的证明。凡是连房子都买不起的，别人会觉得你能力不够，看不起你，感觉跟你打交道不踏实。

顾客5 🔊 9-4-5

我是来租房的，因为我买不起。前几年房价急剧上涨，这几年居高不下，我的工资就那么点儿，买房的话，压力实在太大了。就是结婚，我也只能租房。要是买房的话，我和我对象的积蓄加起来都不够首付，就得我父母拿出一大笔钱，然后我和爱人还得每月还那么多月供。今后再养个孩子，开支更大。我们那点儿工资，还剩什么呢？一想到这些，我就放弃了。

顾客6 🔊 9-4-6

别说没钱，就是有钱我也不买房啊！我觉得租房住挺好！被房贷、月供控制一辈子，那多不值啊！有钱的话四处走走，旅旅游，干点儿自己喜欢干的事，那多自在！现在，房地产商就是先把房价抬得高高的，让老百姓买不起。老百姓就只能向银行贷款，光还款利息就高得吓人。这就是房地产商和银行一起欺负老百姓，我才不上当呢！为一套房子把自己一辈子搞得那么累，我不干！

第10课 毕业之后路向何方？ 10-4

第1段 10-4-1

考研是现在很多大学生的选择，但是选择考研的原因各不相同。有的是让自己有更高的提升，不仅仅是学历的提升，还有在学识方面的提升。例如医学类、金融类等专业，为了让自己有更好的发展机会和平台，读研是很有必要的。还有的是因为找不到好工作。现在流行一句话："本科生找不到工作就读研去了，研究生找不到工作就读博去了。"社会竞争越来越激烈，年轻人的抗压能力却越来越弱。对于一些大学生来说就业太难，与其独立辛苦挣钱，不如留在学校读书，继续靠父母养活。

第2段 10-4-2

大学生毕业考公务员已经成为一股热潮。例如2018年的国家公务员考试，每五个毕业生，就有一人报名。如此看来，说公务员是最受大学生青睐的工作之一，一点儿也不为过。大学毕业生小夏当被问到为什么要报考公务员时，谈到了三个很现实的原因。一是福利待遇好。就拿住房公积金来说，他们家乡普通公务员的公积金有3000多，这是一般企业员工没法儿比的。而且公务员的退休工资也会比企业员工高出不少。二是工作稳定，基本上不用担心失业，而且年龄越大越有优势。公务员的工作强度也比企业员工小很多。工作时间有规律，朝九晚五，基本上没有太多加班的情况。三是社会地位高，尤其是父母那一辈人，如果是公务员，那绝对是"体面"的代名词。另外，公务员认识的人多，好办事。这在大城市可能不明显，但在小城市就很突出了。

第3段 10-4-3

创业逐渐成为大学毕业生的一种职业选择。小姜是个"90后"，出生在一个普通的农民家庭，在大学学的是动画专业。大三下学期，他到一家动漫制作公司做实习生。就是在那家公司听了老板的创业史之后，他产生了自己创业的想法。毕业的时候，学校正在建设大学生创业中心。在老师的推荐下，他走上了创业之路。一开始，他只是成立了一个工作室，后来正式成立了文化传媒有限公司。现在公司的稳定客户已经有五家。小姜说："虽然公司的规模很小，团队也只有四个人，但这是我创业梦的起点。"小姜的创业算是成功了，可并不是人人都能像他一样，很多大学毕业生创业不到一年就失败了。他们有梦想、有激情，但是或者缺乏社会经验和工作经验，或者缺乏资金支持，或者缺乏一技之长。在创业中遇到问题时，靠个人力量很难解决，最后只能放弃。

第4段 10-4-4

和城市相比，中国农村的发展速度和发展质量都有较大差距。招收大学生担任村官，不仅可以解决一部分大学毕业生的就业问题，还可以为农村培养优秀的管理人才和建设人才。大学毕业生小蔡到一个盛产葡萄的小山村当村官。他发现当地农民卖葡萄很费力，价格还不高。每次都是凌晨两三点钟把葡萄送往县城里的大市场，等着商贩来收购，有时候才两三块钱一斤。最便宜的时候，只能卖一块钱一斤。有一次他在电视上看到外地几个村子举办水果节的新闻，产生了举办葡萄节的想法，并且得到了村干部的支持。首届葡萄节当天，村子共接待了600名游客，卖出葡萄4000多斤。电视台还专门来进行了采访，没花一分钱就把葡萄的名气打出去了。大学生村官主要是到农村积累经验、学习锻炼，一般要在农村服务两年。工作期满后，他们可以报考公务员或者考研，并在考试中享受加分，也可以参加农村的选举成为正式的村干部，当然还可以留在农村创业。国家对于大学生村官创业是有很多鼓励政策的，例如通过设立大学生村官创业资金，帮助大学生村官创业。

附录二

词语总表

词语	页码
985 大学	32
A	
爱美之心人皆有之	95
爱拼才会赢	123
安居乐业	111
按部就班	123
B	
拔尖儿	27
拔苗助长	27
把儿	53
摆脱	116
绑定	46
包装	53
保姆	69
保守	95
保险	15
保障	15
报答	69
抱怨	3
弊端	20
壁垒	88
避免	53
编程	88
便利	46
便携	53
辨别	83

词语	页码
贬值	20
不锈钢	53
不妨	69
不可思议	53
不相上下	3
C	
才华	100
藏龙卧虎	123
操劳	3
操作	83
差别	95
产假	3
产生	53
长久之计	111
常态	41
倡导	53
倡导者	53
炒	111
沉迷	41
成本	20
成瘾	101
重复	53
筹备	20
出色	3
出息	27
厨余垃圾	53

词语	页码
处理	53
储蓄	20
喘气	27
创立	27
纯天然	53
辞职	3
慈善	60
从众	100
凑合	123
D	
打击	101
大手大脚	15
代沟	83
代价	101
贷款	15
待遇	123
导航	46
得不偿失	83
得天独厚	83
点赞	41
垫	101
凋谢	95
喋喋不休	27
定位	46
动力	15
独立	3
堆肥	53
对称	101
E	
二维码	41

词语	页码
F	
繁华	123
反思	83
肥料	60
分配	3
风险	95
奉献	69
敷衍	83
福利	123
抚养	69
辅助	46
父母在，不远游	75
富裕	116
G	
赶上	111
干部	129
干得好不如嫁得好	3
隔离	41
跟风	111
固然	95
关照	123
罐头	53
归属感	123
归宿	75
H	
行业	123
好家伙	111
耗费	60
猴年马月	111
忽略	41

附录二 词语总表

145

词语	页码
缓解	15
回复	41
混	123
货币	88

J

词语	页码
机构	60
机遇	116
积蓄	111
激情	129
即便	69
急剧	116
技能	83
继承	7
寄居	111
家常便饭	123
嫁人	3
监控	83
见世面	101
降解	53
焦急	88
角度	53
今朝有酒今朝醉	15
紧巴巴	20
尽	69
居高不下	116
拒绝	60
捐	60

K

词语	页码
开支	15
抗压	129
苛刻	27

词语	页码
空巢	69
扣除	123
苦尽甘来	123
快捷	46
困境	116

L

词语	页码
来源	3
郎才女貌	95
老龄化	69
理所当然	69
理直气壮	83
良苦用心	27
量力而行	111
零食	53
路痴	46
落伍	88
落叶归根	116

M

词语	页码
迷茫	123
免得	83
免谈	111
民主	27

N

词语	页码
男主外，女主内	3
内涵	100
宁愿	41

P

词语	页码
牌子	88
泡	15
朋友圈	41
偏见	7

词语	页码
便宜没好货	15
品质	15
Q	
栖身之所	111
期望值	27
欺骗	95
起码	116
气质	95
千军万马过独木桥	27
前景	32
强势	101
强迫	32
侵占	41
青睐	129
求职	3
趋势	69
权利	7
权威	83
全职太太	7
确保	32
R	
热门	32
人情味	123
日新月异	83
S	
三思而后行	95
扫	41
晒	41
擅长	32
上传	46
设立	60

词语	页码
社区	75
慎重	95
升学	27
事业	101
手中有粮，心中不慌	15
首付	111
受罪	69
疏忽	32
输在起跑线上	27
树挪死，人挪活	123
刷	41
双11	15
双眼皮	95
碎片化	41
所剩无几	123
所谓	53
索性	83
T	
踏实	111
谈何容易	46
谈婚论嫁	20
淘汰	88
提倡	3
提示	41
体力	3
体面	129
天价	111
天伦之乐	69
挑剔	95
跳槽	123
投	123

词语	页码
土气	101
推销	41
拖累	75
W	
外表	101
外貌	95
晚辈	75
望子成龙	27
微信	41
唯分数论	27
无处不在	41
无可厚非	95
无能为力	69
无忧无虑	20
物尽其用	60
X	
吸管	53
牺牲	7
瞎说	95
狭窄	111
先斩后奏	95
享受	15
享有	7
相夫教子	3
消除	7
消费	15
小气	15
小有名气	123
孝	69
携带	53
（心里的）石头落地	111

词语	页码
心疼	27
心血来潮	95
形影不离	41
休养	7
修养	95
虚假	83
选举	129
学霸	27
学历	3
学区房	111
Y	
延长	60
眼光	83
厌学	27
养儿防老	75
养老	69
养老送终	69
养老院	69
一步到位	111
一次性	53
一技之长	129
一目了然	46
一成不变	123
一举两得	53
一如既往	95
医疗	15
依赖	41
遗产	75
以貌取人	95
以往	41
寅吃卯粮	15

词语	页码
应有尽有	46
应急	15
拥挤	111
有备无患	15
有机食品	15
有钱花在刀刃上	27
月供	111
月光族	15
Z	
在乎	3
占优势	123
战利品	15
长相	95
招收	3
照样	111
折腾	83
诊所	101
争气	27
征求	95
整容	95

词语	页码
正规	95
挣	3
支付	88
支配	32
职位	123
指望	69
智能设备	83
重男轻女	7
主宰	41
住房公积金	129
注重	95
专断	27
资本	95
资源	60
资助	69
滋味	69
自卑	100
自理	75
足不出户	46
做主	27